発明への誘い

日本のイノベーション
事例にみる創造の技法

加藤　直規

大学教育出版

はじめに

発明はどのようにして生まれるのか。思い付いた瞬間に、いかなるヒントや知識が結合したのか。発明がなされるまではだれも意識していなかった知識Aと知識Bとの関係に初めて気付くことによって、知識Cを構成し創造に辿りつく発明のプロセス、それが明瞭に語られることはほとんどない。

「その発明はどのようにして思い付いたのでしょうか？」

講演会などで発明をなした人に聞いてみることがある。

「トイレに入って用を足していたとき急にわかったんだよ。ほんと、その瞬間に。それ以上説明しようがないんだ」

あるいは、伝記をひもといてみる。

馬車に乗り込んで座っていると、いつの間にかうとうとして夢が現れた。すると夢のなかに、蛇が自分の尻尾に噛み付いて回っているのが見えた。ドイツの科学者アウグスト・ケクレがベンゼン環を発見したときの「ケクレの夢」といわれる有名なエピソードである。本当に起こったことかもしれないし、後の時代の作り事かもしれない。

このような話は伝記としては面白いかもしれないが、たとえ事実であったとしても、今後の発明家にとって何の足しにもならないことだけは間違いない。トイレや居眠りと結びついたのは単なる偶然であって、発明のきっかけですらないだろう。

こういう筆者自身も、企業の特許ライセンシング行動について小さな発見をして学会で発表したとき、どのようにしてそれを思い付いたのかと会場から質問された。しかし、答えられなかった。実は、自分でも、もうわからないのである。いろいろとデータを眺めているうちに、こうに違いないと気付いたわけだが、何と何が結びついた結果発見に至ったのかはわからないのである。学会の会場では何か差し障りのないことを言ったように記憶している。あやしい話が一人歩きするのは困るので、聴いていた方々は忘れていることを望む。

発明に到達した一瞬を抽出することはまず不可能なようだ。本書の「発明につながった着想」ではこのような一瞬を追うことは止めよう。

むしろ『朝日新聞』に掲載された記事「工の国　ものづくり静岡　地道な調査、ひらめきを呼ぶ」【朝日新聞 2006】は発明の真実に近いところを語っているように思う。第4章で登場する中西幹育《もとやす》がアルファゲルの着想に至った経緯だ。1000件もの特許を読み込み、実験を重ね、周到な調査から生まれた発明である。熱で臥せっていて冷凍パックを自分に投げつけられたときにひらめいたというエピソードが紹介されるが、それはどうでもよいことであって、本当は1000件の特許を読み込んだ蓄積がそうさせたのだという。冷凍パックが軟らかいことは前から知っていたはずである。ただ、頭のなかにある冷凍パックが軟らかいという知識は、それまでは目指していたゴールと結びついていなかっただけである。そのとき冷凍パックでひらめかなくても、まもなく他のきっかけでひらめいたはずなのである。

ここには発明を生み出すために便利なノウハウなど何もない。膨大で地道な調査で得た情報が発明家の頭脳のなかで徐々に発酵し、情報と情報の間のつながり、類似性、関係性を認識し、それを組み替えた瞬間に新たなつながりが導き出されるのである。

発明のプロセスを解き明かすには、やはり1000件の特許をたどらなければだめなのだろうと思う。本書は、筆者が読者に代わって1000件をたどり、その結果をわかりやすく解釈して、先人たちの得た技術的知見が新たな発明につながっていく流れを足早にたどる試みである。発明にいたるまでの先行する発明や論文との間にある情報のつながり、類似性、関連性を再現していく。これは発明者がたどったかもしれない思考の流れではあるが、あくまで文献的に再現したものであって、発明者から直接聞き取りをしたわけではない。分析はすべて存在する書面に基づいて行った技術史的な分析である。

発明者がもし本書のとおりに思考したなら、すんなりと発明に到達したのだろうか。そういうことはたぶん起こりえない。真っ直ぐに最短距離で思考することなど不可能なのだから。本書では歴史的に技術的展開の道筋を説明することになるが、寄り道、袋小路、逆戻りなどはふれずに捨ててしまったので、所詮後知恵に過ぎないとも言える。わかってしまって、それをあとから整理して説明するのは発明するより簡単である。逆に、史上初めて開発するのは小さなことでも非常な困難が伴う。研究開発は紆余屈曲の連続である。発明者はいつの時代でも失敗の連続を味わうのだ。そして今後もそこから逃れることはできない。だから、本書のような後知恵はこれからの発明者には役に立たないのではないかという批判もあり得るだろう。

だからといって、過去の発明史から学ぶものは何もないのだろうか。後知恵はまったく意味のないことだろうか。

否、効用もたくさんある。たとえば次のようなことだ。

・人は繰り返しによって習熟する。過去の発明を紐解くことで追体験が可能になる。そこをヒントに思い付くことも増えるだろう。発明に到達する戦略を練ることもできる。優れた研究者は従来考えられていたより高齢まで創造力が衰えないという最近の研究結果がある。創造的な仕事も習熟によって上達する余地があることを意味しているのかもしれない。

・発明者を目指す方々に、自分でもできる、自分も発明をしたいという強い意欲を持ってもらうことができる。飛躍的な発明といえどもまったくの飛躍ではなかったのである。発明はひとり天才の技ではなく、誰もが発明をすることができる。これから進路を決める高校生の方々に読んでいただきたいのである。理系の好きな人が増えて欲しいのである。

・身近な発明の誕生までの技術的展開を知ることができ、知的好奇心を充たすことができる。

・文系・理系を問わず一般読者が発明を理解して、広く発明の裾野を広げることができる。

ざっとこのようなメリットがあるだろう。

本書はでん粉化学史とか文具技術史といった特定分野の技術史の書ではない。特定の製品や分野ごとの技術史の書ならば筆者は決して適任者ではないであろう。なぜなら、本書で扱った個々の技術分野は筆者個人にとっては未知の分野であったからである。筆者は大学生のときは応用物理学科で、卒業後は十数年にわたり半導体を専門とした。それに対し、本書で扱った技術は、でん粉化学、日用品、木材・接着剤、振動・衝撃・ゲル化学である。振動は一応、応用物理に属するが、それ以外はほとんど知識がなかった。そのような者がどうして本書を著すのか。ここは少し説明が要るだろう。

本書は「発明」の視点でいくつかの技術分野を取り上げるが、発明までの足跡やそこにみられる科学技術共通の思考法を眺めることが主目的である。発明論では多くの分野の事例を集めなければ共通する要素を汲み取れない。筆者も、この研究・執筆のために初めての技術分野を勉強し、気の済むまで特許調査を繰り返し、雑誌や論文も読み込んで技術動向を探る。さらに関与した企業の戦略や製品情報も収集する。こういった作業を繰り返して本書が出来上がっている。

筆者は若いころからさまざまな科学技術分野に関心を持っていた。大学生のころは応用物理学のほか、科学技術史、科学論とそれらが題材とする科学技術の広範な領域に足を踏み入れていた。物理学以外は、師もなく、マイナーな分野ゆえ友人と議論することもできずまったくの独学であった。関心の赴くままの非系統的な探索であって、むしろ放浪といった方があたっていたかもしれない。たたら製鉄、幕末の反射炉、古陶磁や漆器、物質観・宇宙論、生命現象・進化論に及んだ。就職後は半導体を専門としたが、キャリア後半に知的財産に転じ、知財担当として通信や情報科学を扱う機会を得た。こうして基礎科学・材料・ハードウェア分野に始まり、システムへ、そして計算機の内部だけで発明を構成する分野も経験した。このような経歴だからこそ可能になる研究もあるだろうと考えたのが本書なのである。あくまで技術史ではなく発明論を謳った所以《ゆえん》はここにある。

本書の目的とするところは主として技術的視点に立ち、必要に応じて経営的視点も加えた、発明の誕生を探るためのケーススタディである。本書と共通部分が多い良書がいくつか出版されている。

①『発明の源泉　第2版』【ジュークスほか　1975】
②『発明―アイデアをいかに育てるか』【ウィーナー　1994】
③『ねじとねじ回し―この千年で最高の発明をめぐる物語』【リプチンスキ　2003】
④『物のかたちをした知識―実験機器の哲学』【ベアード　2005】
⑤『ゼムクリップから技術の世界が見える』【ペトロスキー　2010a】
⑥『フォークの歯はなぜ四本になったか』【ペトロスキー　2010b】

いずれも翻訳書である。①と②は社会環境の在り方に重点を置き、自由な独立した科学者が革新的な発明を誕生させるが、大規模プロジェクトはわかったことの精緻化の意味しかないと批判する。題材として技術を扱うが技術説明は少なく、むしろ社会的インパクトが語られる。③は個別技術史に近いが、ねじとねじ回しを中心に関連する多くの技術との係わりを述べる。④は実験機器の発明の哲学的、認識論的意義を論じるが、技術の説明にもページを割いている。⑤と⑥は日常的に使う道具から水利、橋、建物まで技術進歩の歴史を説く。これらは米国で書かれた本であるせいか、あいにく日本人によるすぐれた発明はわずかしか紹介されていない。

日本人の発明についてわが国で書かれた「発明論」は、筆者が知る限り、位置づけが異なるものである。技術についても、社会学的ないしは経営戦略との係わりについてもほとんど触れていない。すなわち、わが国では翻訳書以外にこのような発明論のジャンルが存在しないようである。出版されているのはたとえば、幅広くわが国の有名な発明をかいつまんで紹介した書である【重田 2008】【グレイン調査団 2010】。また、土木工学を題材に特許明細書の教育のため多数の発明を渉猟した書【樋口 1986】もある。このほか、発明家個人の伝記、技術に係わった人間のドラマ、あるいは専門的な技術史書はそれなりの数が刊行されているが、これらは本書とは趣旨が異なるので特に触れない。

筆者が本書を著した理由は、以上説明したように、わが国で発明を論じた著作物のジャンルが空白となっていることにある。それゆえ、日本人の発明を題材に、着想に到達するプロセスに焦点をあて、技術を中心にして、かつ関係する企業の経営戦略の果たした役割にも目を配りながら、たどってみたいと考えた。これによって、わが国の若い方々に発明への理解と発明意欲増進を期待したい。

さらに付随的であるが、組織のなかで働く一般的には無名の発明者のなした発明を書きたいということも含まれる。現代の発明の大半は企業内発明者によってなされているからである。本書が題材とした発明も、企業内で生まれ、わが国のライフスタイルを大きく変えた革新的な発明である。

最後に、本書のような地味な原稿に出版の機会を与えていただいた、株式会社大学教育出版の佐藤守代表取締役に感謝します。

加藤直規

２０１３年７月

発明への誘い―日本のイノベーション事例にみる創造の技法―

目次

第1章 「雪見だいふく」

―アイスクリームの消費スタイルを変えた一品―

「雪見だいふく」が誕生した時代

1970年代、わが国の高度経済成長は完成の域に達し、米国に次ぐ第2の経済大国に成長した。サラリーマンの給料は毎年のように改定されて上がっていき、大学卒の初任給も10万円を超えた。しゃれた個人住宅や分譲マンションが次々と建築され、大都市周辺には巨大な団地が建ち並んだ。自分の住宅を持てなくても勤務先の企業が社宅を供給した。こうして収入が増加し、家財が増え、生活の豊かさが実感できるようになると、食についても従来と違うスタイルを求めるようになる。外食産業がそのひとつを提供して家族を外に連れ出し、食に新しい文化を持ち込む。人々は外で覚えた味を家でも再現するチャンスを探している。このようにして、新しい食のスタイルが誕生する準備は整いつつあった。

そのころのロッテ

「雪見だいふく」を世に送り出したのは株式会社ロッテ。それでは当時のロッテはどんな会社だったのだろうか。創業者の重光武雄の個性、変わり身の速さ、ワンマンが目立ち、重光の采配ですべてが動く「個人商店」。良くいえばトップ直結経営。高邁な理想や革新技術の追求ではなく、価格戦略とコスト削減、そして小売店を通じたマーケティングによる売上拡大といったごく当たり前の企業なのである。終戦直後の1946年、「食べていくために」という理由で化粧品製造を始めたが、翌年にはガムの生産を手がけ、1948年、ロッテを創業した。

ロッテがチューインガムメーカから出発して、先行メーカのハリスガムに追いつき追い越すことができたわけは、「天然チクルのロッテ」のキャッチフレーズを使った広告宣伝と「レディ・ホーム・プロパー」とよぶ女性パートタイム社員を大量につぎ込んで全国の小売店を定期的に訪問して情報収集するドブ板作戦である。こうしてガム市場での地位を確立すると、次は総合菓子メーカを目指し、チョコレート、アイスクリーム事業に打って出た。この市場には明治製菓、森永製菓、不二家がいた。わが国の菓子需要が頭打ちとなるなかで他社のシェアを侵食しながら徐々に成長し、明治に次ぐシェアを獲得するまでになった。類似品を投入して相手の持っている顧客を侵食する戦略は、業界から模倣とまで言われた【日経ビジネス1973】。後発メーカとしてはやむをえない戦略だったかもしれない。だが、国内シェア2位まで来たからにはこんどは需要そのものに働きかける以外にもう次がない。チョコレートにおまけをつける「ビックリマン」を発売した。これはロングヒットだったが、所詮おまけのキャラクタがひとり歩きしたのであって、お菓子の方がおまけといってよい。やがてロッテは得意とするマーケティングが主導して誰にも模倣とは言わせない新製品開発に邁進し、「雪見だいふく」をはじめ、「キシリトールガム」や「フォーシーズン」など、お菓子としては大ヒットを飛ばし続ける。

では「雪見だいふく」の発明の話に入ろう。

「雪見だいふく」の皮は固くならない

「雪見だいふく」は1981年に登場した。大福は昔から存在するから、中身をアイスクリームに変えるぐらい大して難しいことではないと思えるだろう。実は不思議なことなのだ。なぜか？　読者のみなさんも賞味期限を超えて保存しようとして普通の大福を冷凍室に入れてみたことがあるだろうか。大福の中味の餡はもちろん、皮もコチコチに固まってしまう。もちろん普通の大福は冷凍状態で食べるものではないので、食べるときに解凍すればよい。解凍すれば皮も餡も、もとのとおり柔らかくなる。

ところで、内部にアイスクリームを包んだお菓子は当然マイナス十数度、冷凍状態で食べることが前提になる。皮の方はといえば、逆に冷凍で硬くなってしまったら美味しくない。ところが「雪見だいふく」の皮は冷凍しても柔らかく、常温での大福の皮と同じ食感を楽しむことができる。

でも同じような材料なのに、これだけの低温で固くならないのはなぜだろう。どのようにしてこのお菓子が生まれたのだろうか。

この発明の謎を解く鍵は皮の材料にある。その前に、ロッテはなぜこのようなお菓子をつくろうとしたのか、背景から話を始めよう。

3つのコンセプトが発明を先導した

1970年代、アイスクリームの市場は飽和していた。国内で消費される量はこれ以上増える状況にはなく、各社とも増えないパイを奪い合いしているだけであった。新たな需要を生み出さない限りコスト競争に陥る。コスト競争が続くと各社とも疲弊していく。新しい市場を創設してそこから抜け出さなければならない。

そこでロッテの重光武雄はこう考えた。

「季節の壁を破れないか」

人々はアイスクリームが冷たいお菓子だから夏に食べるものだと思っている。たしかに昔の冬は家のなかでも寒かった。しかし、この時代になると家屋の密閉性が著しく向上し、暖房器具も普及し、冬でも暖かい室内で過ごすことができるようになった。そうであれば、冬にアイスクリームを食べてもおかしくないではないか。季節性を克服すれば夏だけだった売上が1年中に拡がる。国内の消費量そのものを増やすことができる。冬でもデザートとしての新しい食べ方があってもよい。それなら新しい消費スタイルを提案してみよう。それが消費者に受け入れられれば冬季に食べるアイスクリームという新しい市場が生まれる。その発想が「冬季にもっとアイスクリームを」のコンセプトにつながった【糀 1983】。

ここから冬に食べるアイスクリームへの模索が始まる。ロッテ開発陣を先導したコンセプトは3つといったが、残りの2つのコンセプトはこれを実現するための詳細と位置づけることができるだろう。それらは「日本的なものを開発しよう」と「まるごと食べられるようなアイスクリーム」であった。ヨーロッパの伝統的なアイスクリーム市場でまったく考えられたこともないアイデア、日本の食材を使って、日本でしか思い付かないお菓子をつくる。いままでアイスクリーム商品は皿に盛り付けてスプーンを使うか、木製の平たいスティックごと固められていて、そのスティックを持って食べるか、のいずれかであった。新しいスタイルを提唱するのだから、いままでとまったく違う食べ方が必要になる。冬にコタツにもぐりこんで、おやつにでも食べてもらうのはどうか。だとしたら、簡単に手だけで食べられるとよい。ということで、手で持って食べられるようにしたい、手がべたつかないように乾いた食材でアイスクリームを包む。ここから自然に大福のような日本に昔からある複合商品のアイデアにたどり着く。

複合商品のアイデア

甘くてべたつく食材を乾いた食材で包むお菓子は、大福、最中、饅頭などとして日本人は古くから食べてきた。洋風の菓子でも明治製菓から「きのこの山」が発売され、チョコレートとビスケットが組み合わされた。だから複合商品のヒントはまわりにいくらでもあった。ロッテはお菓子のメーカとしてさまざまな商品を開発してきているから、多くの食材について豊富な技術とノウハウをもっていた。

創作するお菓子のイメージは、はじめに3つのコンセプトを設定することで確定した。つまり発明のアイデアは経営サイドから持ち出されているのだ。それをガイドラインとして、持てる技術を駆使して多くの試作を重ねたに違いない。結局、市場に登場したのはマシマロとの複合商品と大福の皮との複合商品の2種類であった。

アイデアはいろいろと出せても、それが商品として出るまでには多くのハードルがある。そもそもこのコンセプトが消費者に気に入られるのか。妥当なコストで製造することができるのか。アイスクリーム複合商品が消費者の口に入るまでには冷凍保管され、輸送され、店頭に並べられ、しばしの間レジ袋のなかで外気温にさらされ、最後に温度管理のゆきとどかない家庭用冷蔵庫の冷凍室にしまわれる。食べられるまでには製造後1カ月はたっているだろう。この温度ショックを受け保管期間を経て、はたして安定しているのか。「雪見だいふく」の発明の核心はまさに、アイスクリームのまま、皮は皮のままに本来の特性を維持するところにあるといってよい。実はこれは簡単なことではない。なぜなら、2つ以上の食材を接触させると、一般的には個々の食材は相手との間で相互作用する。このことを説明するために次へ進もう。

複合するには何が難しいのか

まず、普通の大福から始めよう。内部が餡ならば、餡に含まれる水分は比較的少ないから、皮は餡と接触する裏側で若干の水分を吸収するだけである。さらに、つくってからあまり時間を置かずに食べることが前提とされている。その結果、少しだけ柔らかくなり、むしろちょうどよい食感になっているのである。

では、アイスクリームも同じようにいくのだろうか。

アイスクリームを皮に包むことによって、手で直接口に運んでも手がべとつかないようにしたい。さらに、これらの材料との組合せによる味わい、食感も楽しみたい。問題ははっきりわかっていた。大福や最中の皮、さらにクレープの皮は、多かれ少なかれ水分を吸収するのである。アイスクリームには餡に比べると大量の水分が含まれているから、皮は水分を吸収しすぎてしまう。そうなると、濡れて美味しくない。いったん皮とアイスクリームが接触したら早く食べてしまわないといけない。アイスクリームを包んだお菓子を保存したいときは当然冷凍しなければならないが、水分を吸収したうえで冷凍すると水分が凍り、食べても美味しくない。たとえ冷凍しても、最中ならバリバリと、クレープや餅なら柔らかく、もとの皮のままでありたい。

成分の拡散について知ろう

簡単な物理学をお話しよう。自然界では物質は動きうる空間内でできる限り拡がり、均一に分布しようとする性質がある。この現象は「拡散」と呼ばれる。たとえば、密閉した容器の中央に仕切り板があって、一方に空気が入っており、他方は真空であるとしよう。仕切り板を開けると空気は拡散して反対側に流れ込んでいく。しばらくすると、どこも同じ濃度の空気で充たされるようになる。半分を占めていた空気が全体に膨張したのだから、濃度は半分に減少する。重要なのは、動く方向としてはいつも拡散し薄くなる方向なのであって、勝手に一方の側に集まって濃くなることは決してないことである。

(a) 内部を仕切った容器左側は真空右側は分子で満たされている。

(b) 仕切り板を取り去ると分子は徐々に左側に移動していく。右側の分子濃度が左側より高い間は左への移行が続く。

(c) やがて左右の濃度が等しくなると移行は起こらなくなる。

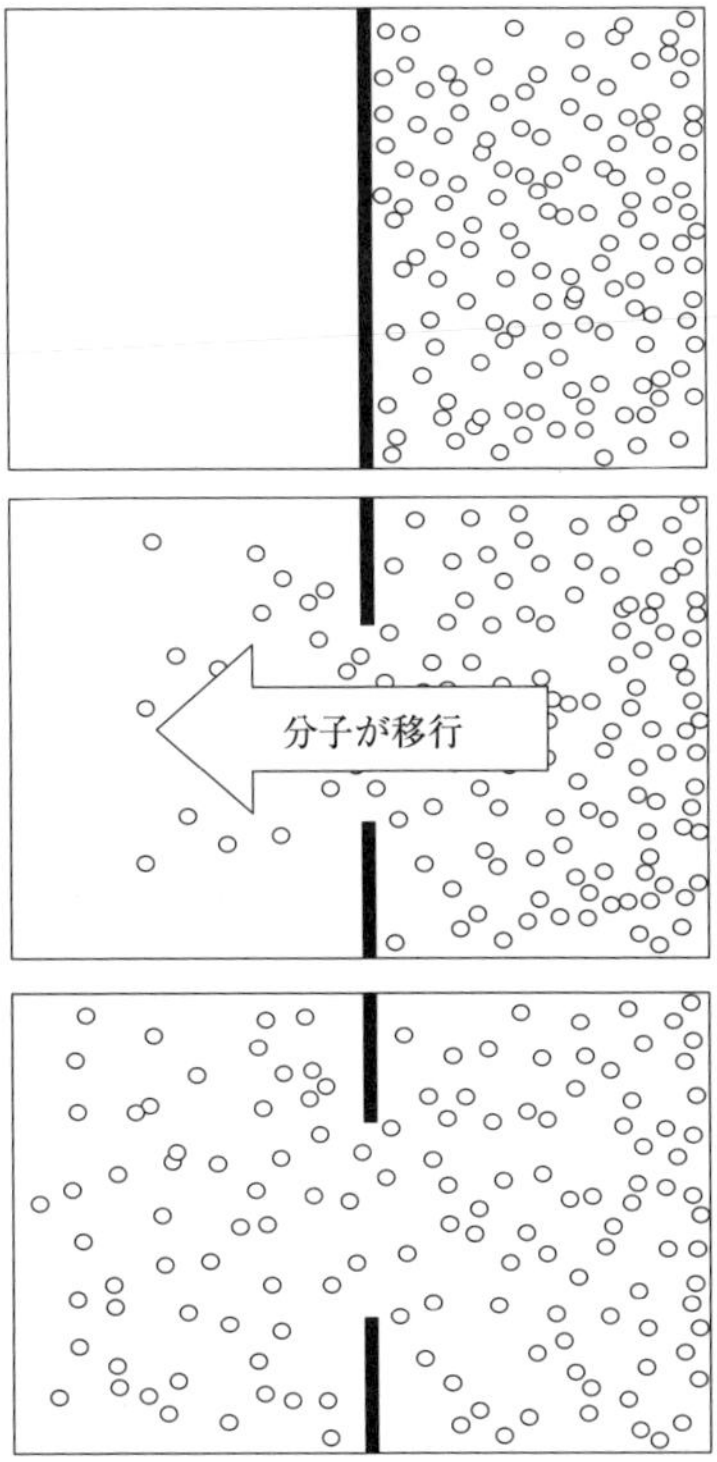

図 1-1　拡散の説明

ただし、これはマクロに見たときの話で、ミクロで見る、すなわち分子1個1個でみるとランダムに勝手な方向に動きながら他の分子と衝突を繰り返し、全体的には段々と初め分子が存在していなかった場所に存在する分子の数が増えていくのである。だからマクロには濃度が低い方に流れていくように見えるのである。

分子は温度の高い環境ではより激しく動きまわるので、分子同士の衝突の頻度は高くなり、ひいては移行する速度も大きくなる。

同様のことは気体に限らず、液体でも固体でも起こっているのではないか。動くのが速いか遅いか、邪魔者があるか、ないかの違いはあるかもしれない。「雪見だいふく」についても、アイスクリームと皮の内部に存在する水分子や糖類の分子は、気体と同じように動くことができるのではないか。成分でみると、アイスクリームは乳成分、砂糖、氷から成り立ち、皮はでん粉、砂糖、水から成る。水と砂糖は軽い分子であるから、でん粉の内部で動きやすいのではないだろうか。

実際に水と糖が皮の成分の内部を移行することは実験で確かめられている。谷地田武雄、中村幸一、中村厚子の研究グループは、でん粉の皮と餡からなる笹団子のモデルをつくり、ブドウ糖や水の移行を測定している【谷地田ほか 1977】。皮と餡の組合せでは、マイナス35℃ぐらいの完全な凍結状態にしない限り、皮の水分が餡に移行し、かつ餡の糖分は皮に移行することを確かめた。

これをヒントに、餡に替えてアイスクリームを入れるとどうなるかを推測しよう。餡と違うのは、アイスクリームには大量の水が含まれていることである。

まず、水分の移行である。水分は氷または水の形でアイスクリームのなかにも、皮のなかにも含まれている。ところが、水はアイスクリームのなかの方が皮のなかよりもはるかに多量に存在する。先ほどの皮と餡のケースとは、水を多量に持っている場所が逆になる。そうすると、アイスクリームと皮が直接接しているとき、水分は水分含有量の多いアイスクリームから水分含有量の少ない皮に向かって移行しやすい、というように拡散理論を応用すればよい。水は、液体よりも固体の氷になると移行しにくくなる。結晶という形を持つことによって、入れ物であるでん粉との衝突で動きが邪魔されることになるからである。

次は糖類である。こんどは少し複雑である。拡散の話の前に糖類とはどのようなものか話しておく必要がある。食品に甘さを与える糖類は砂糖が代表的なものである。砂糖は食品化学では「蔗糖」とよぶが、これはブドウ糖と果糖が結合した分子である。ブドウ糖や果糖は単糖といって、これ以上分割できない最小単位の糖類である。したがって、これら単糖の分子は構成する原子の数（「分子量」という）が少ない。それ以外の糖類は単糖がいくつか結合した糖類で二糖、三糖、…、多糖などといい、名前の数とともに構成する原子の数が多く、重い分子に

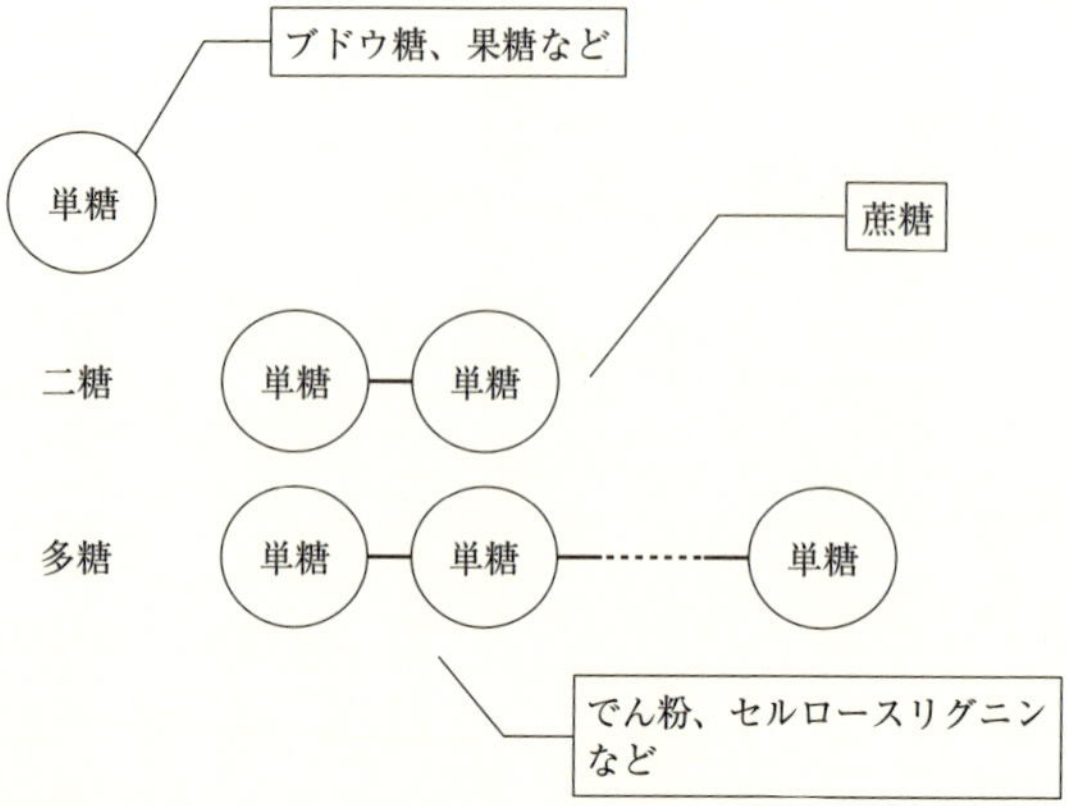

図 1-2　いろいろな糖類

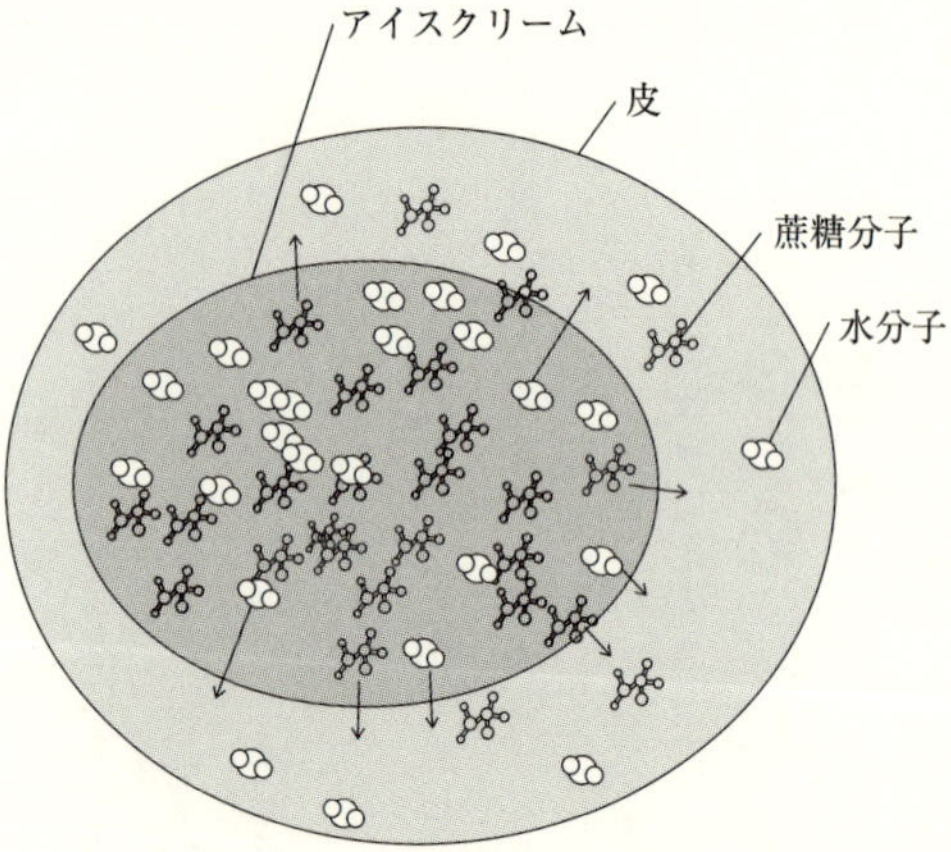

図 1-3　水分子と蔗糖分子の移行の模式図
水、蔗糖ともアイスクリーム側が皮より高濃度であるから、拡散によりアイスクリームから皮へ移行していく。

なる。蔗糖は2つの糖が結合したもので二糖類に属する。他方で、皮を構成するでん粉も実は糖類の仲間で単糖が多数結合したものである。同じ糖類でも、甘みを与える軽い糖類とでん粉という重い糖類があるわけだ。軽い糖類は重い糖類の内部を移行することができる。水の場合と同じように、多量に存在する方から少ない方に逃げていく。

アイスクリームの乳成分はたんぱく質と脂肪からできている。これらも重い分子である。要するに「雪見だいふく」は乳成分とでん粉が接してつくられる重い入れ物の中を、水と甘みを与える軽い糖類が移行できる条件を待っている状態であると考えればよい。条件さえ充たされれば、アイスクリームから水分と甘みが逃げ甘味を低下させるとともに、皮が水分を吸い込み、大福の皮はもちもちとした舌ざわりが失われる。どうにかならないのか。ここに発明の原動力となった欲求があった。

理想的な皮は水分と糖類が移行しないこと

そこで、アイスクリームの水分が大福の皮に移行しない方法を考えなければならない。「雪見だいふく」の特許明細書【加藤・渡辺 1982】にも、「水浸透防止膜」をはさむ考えは以前からあったと書かれている。すなわち、水を防ぐには油が使えることはだれでも常識として知っている。まず思い付くことは、油性の膜をはさんでやれば水の浸透を防ぐことができるかもしれない、ということだろう。たとえば1958年の古い実用新案【高山 1958】「冷凍菓」という名称の発明には、バター層をはさむと皮の内部に水分が入っていくことを防止できると書かれている。この方法に従うならば、皮にバターを薄く延ばし、アイスクリームを包むお菓子を作ってみればよいと考える。そうして水分の吸収を防止できる。しかし、バターを塗る工程を追加しないといけなくなるから製造工程は長くなり、その分コストも増大するであろう。これは問題になる可能性がある。もっと簡単な方法が欲しい。「雪見だいふく」の特許もそこは十分に意識されている。

皮の性質として水分が移行しにくい材料があればそれに越したことはない。そのような材料はあるのだろうか。

さらに、皮は冷凍に耐えるのか。「冷凍菓」の発明では、皮は冷凍したらどうなるといったことは何も書かれていない。なぜなら「バター層をはさむ」ことが発明のポイントだったからである。つまり、皮の発明ではないから、皮については書いてないのである。餅のようなものだと冷凍すると固くなるし、ひびが入ったりする。

冷凍保存に適していて、食用の材料であり、冷凍から取り出して解凍しなくても柔らかくすぐ食べることができ、バターを挟まずとも水分をあまり吸収しない。かつ、べたつくことがなく手づかみができる。このような材料があれば理想的である。結論からいうと、バター層を使わずに、あくまで皮だけでこれらの要求を満足し「雪見だいふく」は誕生した。

でん粉には2種類ある

１９４０年ごろ、ドイツ人のK．H．マイヤーが、でん粉には2種類あること、分子構造の違いがあって、ひとつは直線の鎖状、他のひとつは枝分かれした構造であることを発見している【二國 １９７７】。2種類の性質の違いも徐々に明らかになり、効率的に分離する方法が研究されていた。

１９４７年に、米国のコーン・プロダクツ・リファイニング社の技師トーマス・ジョン・ショッホによって、画期的なでん粉の分離法が見いだされた【ショッホ １９５０】。ショッホはとうもろこしでん粉を１２０℃に加熱したアルコール水溶液に溶かし、次に加熱を止めて徐々に冷却した。すると物質が沈殿して来る。ここで沈殿物を取り除き、さらに冷却していくと別の成分が沈殿して来ることを発見した。順番に沈殿した成分はいずれもでん粉のはずだ。でん粉は2種類あるのだ。この実験は2種類のでん粉が初めて分離できたことを意味する。これは後に「ショッホの方法」という名前がつけられた。

2種類のでん粉のうち、最初に沈殿した成分は「アミロース」、続いて沈殿した成分は「アミロペクチン」と呼ばれるようになった。分離した各成分を調べると、「アミロース」は分子

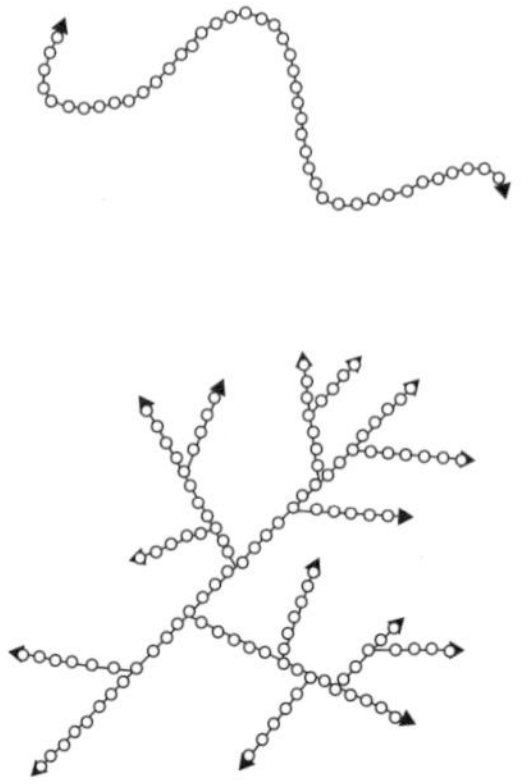
(a) アミロース
1本の鎖構造。分子同士が結合しやすい。
(b) アミロペクチン
分岐状構造のため分子間の結合が妨げられる。

図 1-4　2種類のでん粉の分子構造

量が小さく（すなわち鎖が短い）、直線の鎖の構造を持ち、「アミロペクチン」は分子量が大きく、短く枝分かれした構造を持つ。同じでん粉といっても少し違うものなのだ。アミロースは水に溶かした溶液の状態で不安定で、ゆっくりと冷却しないと固まってしまう。この固まる現象を「ゲル化」という。

でん粉が由来する植物によって、アミロースとアミロペクチンの含有量はまちまちであることもわかって来た。うるち米、インディカ米、とうもろこし、麦のでん粉は、アミロースを多く含んでいるからゲル化する。ところが、アミロペクチンの方は溶液を急速に冷却しても、ゲル化することはなく溶液の状態に留まっている。もち米、白玉粉（もち米が原料）、タピオカ、馬鈴薯などのでん粉はほとんどアミロペクチンだけしか含まないからこのような性質がある。ゲル化は、直線状の鎖同士が分子間会合（2つ以上の分子がひとつのように振舞うこと。長い分子が絡まった状態を想像すればよい）を介して3次元網目状に配列することで起こる。言い換えると、たくさんの分子がくっつきあって大きな分子のような振る舞いを始め、動きにくくなり固まってくる。あくまで直線状分子のアミロースで起こることである。アミロペクチンでは、短い枝が分岐しているので分子間会合は起こりにくく網目構造とならず、それが原因でゲル化しないと考えられている。このような分子構造の違いが性質の違いをもたらしている。

アミロペクチンは吸湿性が低い

もうひとつ「雪見だいふく」の完成に重要な意味を持つ違いがあった。それは、でん粉のなかを水分が移行する現象に関係する。一般に食品粉体の多くは吸湿性が高く、特に果汁の粉末はきわめて不安定で、すぐ水気を吸い込んで顆粒状に固まったり、長期保存で褐色に変質したり悪臭を発したりする。ゼネラル・フーズという米国の会社の研究員は、果汁の粉末をアミロペクチンの土台に吸着させると、その混合物の粉末は水分の吸収が少なくなり、かつ夏季の高温下で2カ月間保存しても安定であることを発見し、特許を出願した【有馬ほか　1980】。この性質はアミロペクチンの性質に起因することは間違いない。土台の性質が現れて取り込んだ果汁の性質を隠している。湿気に対して安定であるならば、水分が内部で移行しにくいのではないか。すなわち、アミロペクチンの皮で包めば、アイスクリーム内の水分は皮に吸収されないのではないかという期待があった可能性がある。この特許は1980年に公報が発行されているから、「雪見だいふく」の発明への源泉となったとしてもおかしくはない。

食べられるのはアルファでん粉

でん粉は米や麦、生の馬鈴薯のような硬い状態にあるときを「ベータでん粉」と呼ぶ。この状態では人間の胃袋では消化ができないので、水を加えて加熱することにより、「アルファでん粉」に変える。炊きたてのご飯がまさにこれである。

ベータでん粉＋水＋熱　↓　アルファでん粉

アルファ状態で放置しておくと、初めのベータでん粉にもどってしまう。ご飯が固くなって食べられなくなったのがベータ状態である。しかし、ベータ状態にさせない方法がある。お菓子づくりの世界では常識的に知られていることであるが、急速な乾燥、または凍結乾燥させることである。せんべい、ケーキ、パンなどは焼くことによって急速乾燥する。こうすることでアルファでん粉のまま保存ができるようになる。

アミロペクチンから成るでん粉も、やはりアルファ状態になっていなければそのまま食べることはできない。「雪見だいふく」の製造工程で、皮を急速に凍結することでアルファ状態のままに維持するのである。

「雪見だいふく」には前身があった

最初に実現したアイスクリームの複合商品はマシマロでアイスクリームを包んだものだった。この商品は「わたぼうし」の商品名で1980年秋、市場投入された。そう、発売開始は秋なのである。なぜなら、「冬季にもっとアイスクリームを」のコンセプトでつくられたからである。秋から販売を開始し、徐々に知名度が上がって冬になって消費者に浸透することを狙った。実際、「わたぼうし」は「雪見だいふく」とは姉妹商品で、同じコンセプトの下に商品開発を進めた結果、先に誕生したものなのである。「雪見だいふく」の発売の一年前のことである。

「マシマロ」はゼラチン、卵白、砂糖、水の混合物である。ゼラチンと卵白はたんぱく質。常温では、真っ白なふわふわした柔らかい素材である。通常の方法で製造されたマシマロはアイスクリームと同じマイナス15℃ぐらいで保存すると固くなってしまう。ロッテの開発者は、普通のマシマロの水分量が10～18％であったのを20～35％と増やし、かつ材料を攪拌するとき泡立て器を使って大量の気泡を含ませてやると、冷凍しても固くならないことを見いだした。

ロッテはこの発明を発売とほぼ同時期に特許出願している【竹森ほか　1982】。

「雪見だいふく」の発明まで

ここまで見てくると、「雪見だいふく」の発明まで会社の内外でいろいろな発明・発見がなされ、知識の深化、つながりのなかで発明までの準備が整ってきたことがわかるであろう。

アイスクリームを手づかみで食べることができるように乾いた食材で包み込む複合菓子。そのためにはアイスクリームを保管する氷点下十数℃の冷凍でも固くならない食材が必要とされた。「日本的なものを開発しよう」と「まるごと食べられるようなアイスクリーム」のコンセプトを充たすために、大福のイメージが選ばれた。アイスクリームの水分や糖類を逃がさないようにするには、大福の皮が水分や糖類を吸収しないよう改良しないといけない。

この要求を実現するアイデアの源泉はでん粉に2種類あることの発見だった。でん粉の成分の単離は米国でショッホが1947年に成功した。アミロースとアミロペクチン。でん粉は一般にはこの2種類が混ざっている。単離したアミロペクチンでは温度との関係で明確なゲル化点は存在せず、冷却しても固まらないということを甘利と中村が示した【甘利・中村　1976】。これにヒントを得て、冷凍しても固くならない皮を思いつくであろう。さらに、アミロペクチンの吸湿性が小さいことが、米国の食品メーカ、ゼネラル・フーズの出した特許からわかる。

この知見は、その内部を水分が通過しにくいという性質を想像し得る。このような知見を融合させていくと、アミロペクチンだけで構成されるでん粉であれば、内部で水分の移行が起こりにくい、すなわちアイスクリームの水分を吸収しない皮を実現できるだろうという着想に至る。

このようにして「雪見だいふく」が実験室では誕生した。特許としての権利は、「略アミロペクチンより構成されるでん粉と糖類と水との混合加熱により得られる粘弾性物にて冷菓を被覆することを特徴とする被覆冷菓」というモノの発明と、「でん粉と糖と水を混合して練り↓蒸気で蒸す↓必要に応じて卵白、着香料、着色料を加え↓切断↓急速冷却することを特徴とする製造方法」の発明とを含むものである【加藤・渡辺 1982】。

実験を重ねていくと判明することであるが、大福の皮の柔らかさを維持するには砂糖の保水性も重要な要素である。水の量も重要なファクタとなっているようで、権利範囲に砂糖と水は細かく指定されている。「わたぼうし」の原料であるマシマロでも水分量の調整は冷凍しても硬化しないために重要な要素であった。「雪見だいふく」でもこの考えがヒントのひとつになっているようだ。登録番号は「特許第1537351号」といい、発明者にはロッテ社員の加藤征輝、渡辺和寛の2人が名を連ねている。

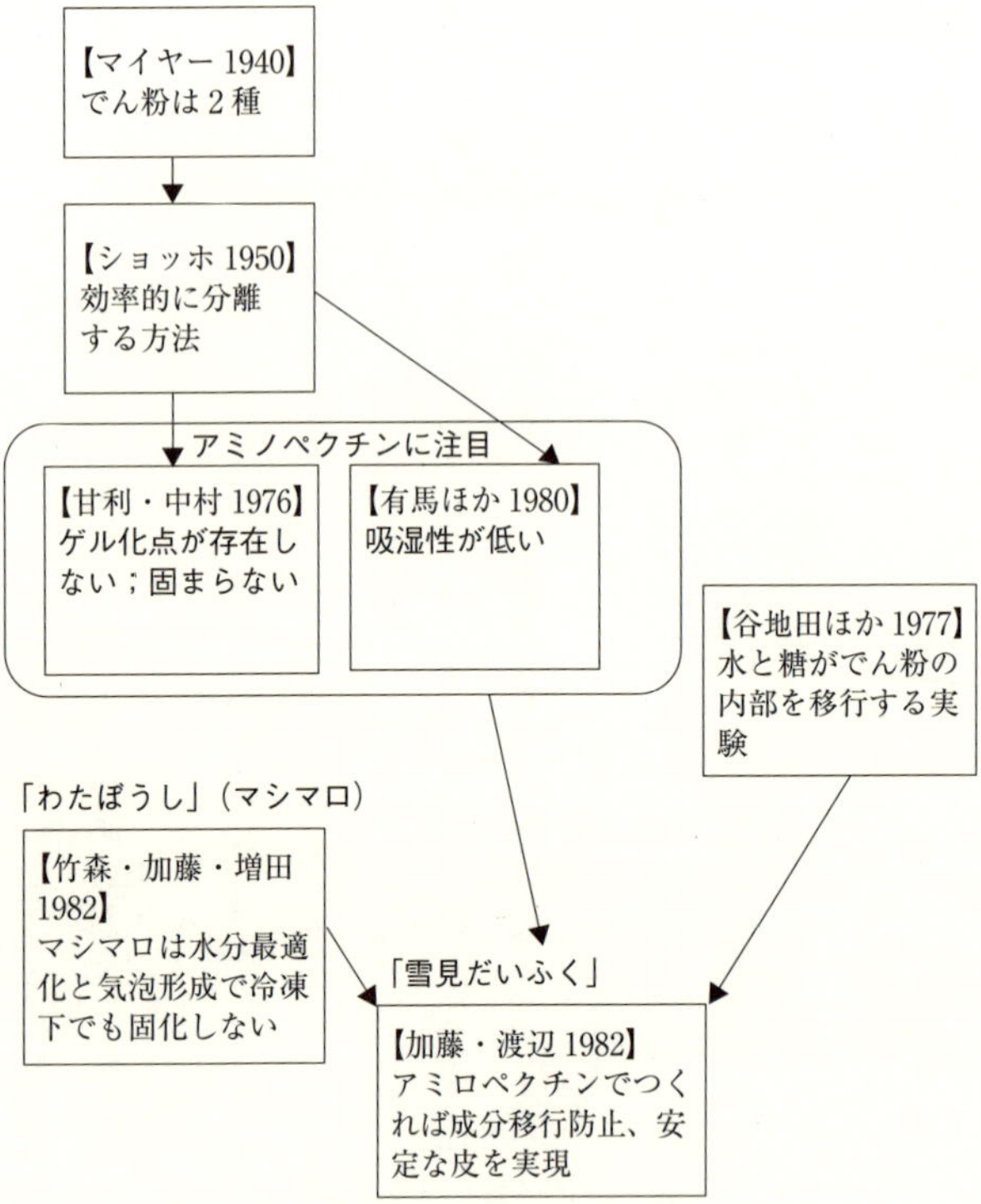
【マイヤー 1940】
でん粉は 2 種
【ショッホ 1950】
効率的に分離
する方法
アミノペクチンに注目
【甘利・中村 1976】
ゲル化点が存在し
ない；固まらない
【有馬ほか 1980】
吸湿性が低い
【谷地田ほか 1977】
水と糖がでん粉の
内部を移行する実
験
「わたぼうし」（マシマロ）
【竹森・加藤・増田
1982】
マシマロは水分最適
化と気泡形成で冷凍
下でも固化しない
「雪見だいふく」
【加藤・渡辺 1982】
アミロペクチンでつく
れば成分移行防止、安
定な皮を実現

図 1-5 「雪見だいふく」発明までのプロセス

「雪見だいふく」の発売にあたってロッテはいかなる課題に直面していたのか

すでに述べたように姉妹商品である「わたぼうし」が1年前から販売されていた。「わたぼうし」は同じコンセプトの下で同じころ着想を得て、温められ、そして先行して市場に登場した商品である。同じ狙いを持つ「雪見だいふく」がそこに登場することはどのような意味を持つのか。ロッテの糀正勝はこの事情を論文で語っているので、それを元に経営上の判断をたどってみよう【糀 1983】。

「雪見だいふく」を登場させることによって引き起こされる市場の変化は2つの相反するシナリオがありえる。しかしビジネスとしては調査をいくらでも深める時間はない。

・「わたぼうし」はすでに全国の年商15億円に成長、認知度も90％であり、せっかく商品への支持が定着して来たが、「雪見だいふく」の投入でこれが崩れるおそれがある。同一コンセプトの商品を並行に投入すると、新しい消費行動に向かった消費者はいずれかひとつを選択することになる可能性がある。

・試供品のモニターの結果は、「わたぼうし」は子供に支持され、「雪見だいふく」は年齢の高い層ほど支持が増えるとのこと。そうであれば、ターゲットの顧客は異なるかもしれないという期待がある。

もし、後者のシナリオに沿って並行に進めていくとしたら、

・新しい消費スタイルのアピールが分散し、消費者の間で戸惑いを持って迎えられる可能性がある。

・商品を2種類持つことになるので資金や要員が分散してしまい、1種類に絞った場合に比べて行き届いた経営ができないかもしれない。

・製造方法に共通性があるとはいえ、設備を増やしたのにかかわらず売上が伴わないと設備が遊んでしまう。

・同一設備で商品によって切り替えて使える工程もあるが、切り替え作業に係わるコストや切り替えるたびに生じる材料のムダがばかにならない。

もし、前者のシナリオを採用して「わたぼうし」を廃止することは、

・他社に先駆けて世に出したアイスクリーム複合商品への愛着、誇りはひとしおであり、捨てがたい。

・すでに得た顧客を失う。

「雪見だいふく」の方がよいという根拠もある。

・「雪見だいふく」は大人に支持される可能性がある。これこそが新しい消費スタイルでは

ないか。

・「雪見だいふく」の白玉粉を使うところが、「わたぼうし」のマシマロより日本的で、元々のコンセプトにマッチしている。

・「わたぼうし」は先行販売地域で若干の陰りが出たという報告がある。だから切り替える方がよさそうだ。

・生産設備が同一のものが多いので同じ設備を使え、移行しやすい。

・技術的にはより大きな困難を克服して商品化したので、早く市場に出すことが技術陣にとって自信につながる。

社内では相反する議論があったであろう。ビジネスでは完全にデータがそろうまで待てない、あるいは限られたデータで判断せざるを得ないことはよくある。どちらの意見もメリット、デメリットが拮抗する。このような場合、トップが果断な判断をすることが会社を次なる高みに進ませる。経営トップの重光武雄は直ちに「わたぼうし」の廃止と「雪見だいふく」ラインへの集中、2倍の増産体制にすることを社内に指示し、こうして「雪見だいふく」が世に出ることとなった。ロッテがフォロアーを超克し、リーダになった瞬間であった。並行生産を指示していたら、あるいは「雪見だいふく」の生産に踏み切れずさらなる市場調査を指示する経営陣だったら、いまごろ2つの商品は、そしてロッテはどうなっていたであろうか。

「雪見だいふく」特許の価値

この発明はすんなり特許が成立したわけではなかった。1984年に特許異議の申し立てを受けたのである。異議申し立てを受けるということは、逆説的ではあるが出願人や発明者にとっては意義深いことなのだ。なぜなら、その特許が成立してしまうと困る人がいるということを意味するからである。

どのような人が困るのか。特許明細書が公開された後、それを読んで類似品を製造して販売している人（企業）、あるいはロッテの動きを知らずに類似品を開発してしまったが特許出願をロッテに先行されて悔しがっている人（企業）、などである。いずれにしてもライバル企業であることは間違いない。異議が申し立てられたということは、その特許はライバル企業から経済的価値があることを認められたという意味である。その意味で、出願人や発明者にとって意義深いといったのである。

特許異議の申し立ては、その特許を潰したいライバル企業から特許庁に出されるが、ライバル企業が自己の名義で異議申し立てを行うことはほとんどない。「雪見だいふく」への異議申し立ても名義貸しで行われたので、誰が申し立てたのかわからないようになっている。特許庁は、異議申し立てを審査し、1985年、特許を拒絶した。これを「拒絶査定」という。

ロッテは直ちに次の対応に進み、特許庁に対し「審判請求」を起こした。審判請求とは、拒絶査定に不服のある人が、特許庁の内部組織で審査の妥当性をチェックする機能を持つ部署に、「不服の申立て」を持ち込むことである。1989年、審判の結果が出て拒絶査定が覆され、ようやく特許が成立した。

特許が成立すると類似品は市場から姿を消した。技術的詳細は省くが、食材市場から入手できるもち米を原料として使う限り「雪見だいふく」特許の「略アミロペクチンにより構成されるでん粉」に抵触し、あえてアミロースの割合を増やして特許の範囲外を狙うとうまくできない。ライバルは類似品を止めざるを得なかったのである。

そして最大の価値は、アイスクリームの食べ方の革新という新しいライフスタイルへの貢献であろう。他からの貢献もあるかもしれないが、「雪見だいふく」の貢献は間違いないことである。

第2章 「ドッチファイル」

—大量の文書保管と抜き挿し容易さを兼ねた優れもの—

書類をわかりやすく保管する

書類を好きなように分類したり束ねたりして保管し、もし1枚の文書が見たければ容易に探し出し、取り出して利用し、使ったあとは元に戻したい。人類が粘土板や紙を発明し記録するすべを覚えて以来、書類の量は増加の一途をたどる。それに応じてわかりやすく保管する必要性も増大する。手を抜いてはせっかくの情報も死んでしまう。

最も単純なファイルは封筒である。ここから目的とする1枚の書類を探し出すためには、日付けとか表題の「アイウエオ」順とか順番を決めて並べておいたとしても、いったんは書類の束をすべて取り出し近辺をめくって目的の書類を取り出す。紙はとじられてないのでうっかりばらけてしまうと後が大変である。不注意で封筒の開いた口から書類が何枚かずり落ちると順番がわからなくなる。紙の大きさに比べて封筒が小さすぎると入れておくだけで紙がばらけてしまうので、それを避けるためにクリップで挟む必要も出て来る。順番を変えないよう慎重に扱わねばならない。

紙に穴を開けて綴じてやれば順番が変わることはあるまい。書類に紐を通して保管しておくことは企業や官庁で昔はよく行われていた。いわば書類の「書物化」である。たしかに散乱することはないので都合がよい。だけれどもこうなっては抜き挿しなどはとても考えられない。抜かれて挿し替えられることのないことを保証しなければならない用途に使うべきである。抜き挿しを可能とする用途に向けてはさらに進化が必要であった。

フラットファイルの出現

やがて後に「フラットファイル」と総称されるファイリング文具が登場する。比較的少量の書類を束ねる文具を指し、安価で、現在でも非常によく使われている。わが国では「軽便書簡綴」（特許９９２７号）とか「軽便文書綴」（実用新案登録１１３８７号）の名称で明治30年代終わり～40年代初めの特許にその原型が出現する。フラットファイルの最小限の構成は、やや硬い紙の台紙をファイルの表紙とし、穴を開けた書類をプラスチックや金属のひもや止め具に通して綴じるというものでさまざまなバリエーションがある。現在のフラットファイルと最も似ているものとして１９０５（明治38）年にわが国の特許庁（当時は農商務省特許局であった）に出願された特許がある【カメロン　1906】。アレキサンダー・カメロンという英国人が発明した。

構造は次のようなものだ。図2-1を見て欲しい。表紙の中央より少しずれた位置につくった2カ所の切り込みを通して平らな板金（図中の「イ」）の両端が表紙の内部側（書類が挟まる側）に突き出ている。書類の端に同じ間隔で穴を開けて板金（イ）を穴に通す。板金を曲げただけでは書類を押えておくには少し心もとないので、押え金（図中の「ニ」）を使って書類を表紙に綴じ込む。押え金には「ロ」で示した穴が開けてあり、ここに板金（イ）を通す。さらに押え金（ニ）の上を止め板（ハ）がスライドすることができるように止め板（ハ）の側面を折り曲げて押え金（ニ）の側面にはめ込んである。押え金（ニ）はレールのようなものだ。板金（イ）を倒して折り曲げ、さらには止め金（ハ）をスライドさせてかぶせておけば板金（イ）は簡単には動かなくなる。これで書類のファイルとして機能する。

この板金は金属製とのことである。薄いので手で容易に曲げたり伸ばしたりすることができる。現在では金属ではなくプラスチックがよく使われている。プラスチックは何年たっても錆びて書類を汚すことがないし、ナイフの刃のような金属片でページの穴を破ってしまうことも少ない。逆に板金（イ）が金属製であれば、その先端を鋭角三角形に尖らせておけば、紙1～2枚ならあらかじめ書類に穴を開けておかなくても、突いて穴を開けることもできる。これを

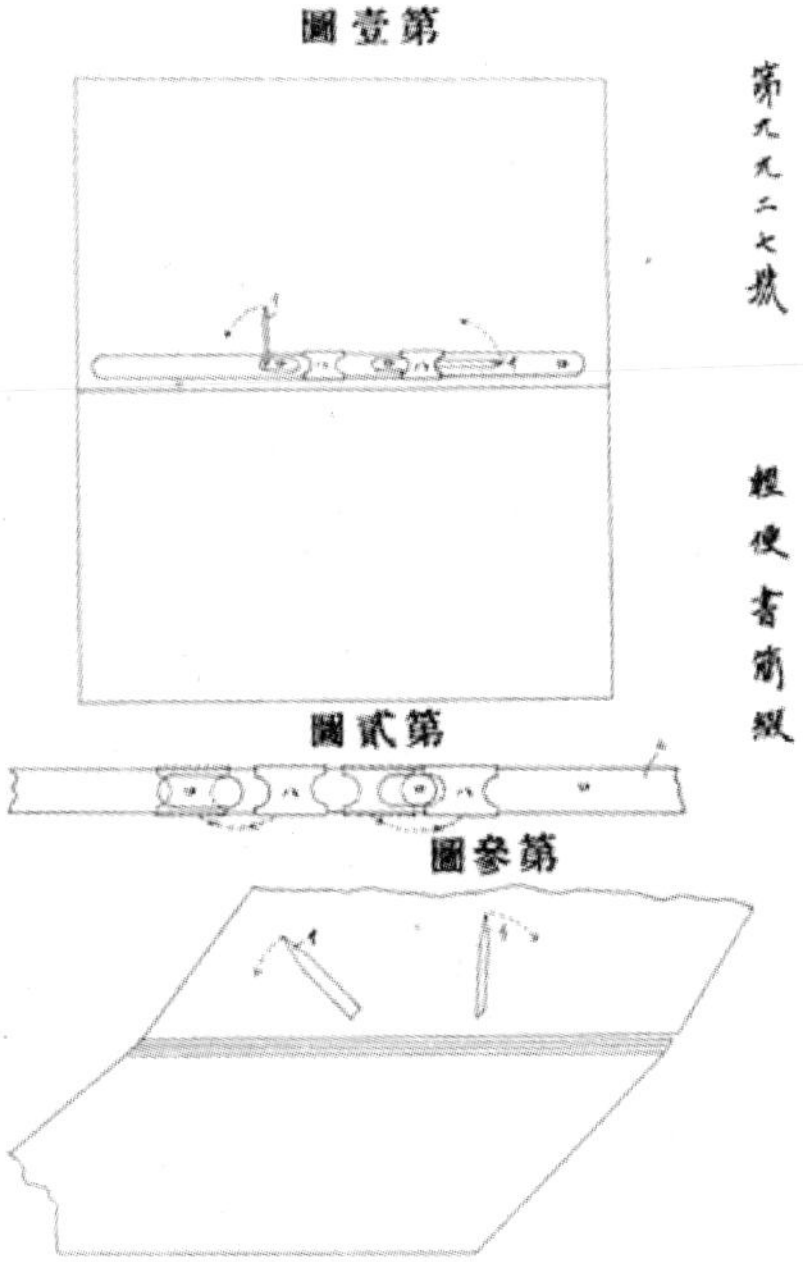

図 2-1　英国人アレキサンダー・カメロンが 1905 年にわが国で出願した特許第 9927 号

名称「簡便書簡綴」

薄い板金（イ）を倒して押え金（ニ）を押え、抜けないよう止め板（ハ）をスライドさせて書面を綴じるのは、今日でも最もありふれた、安価なファイル商品である。上段の「第壹圖」の右端に示される「ロ」（穴）は「ニ」（押え金）の誤記であろう。

売りにしてもよい。

フラットファイルを使えば一応、内部に挟まっている特定の書類だけを抜き挿しすることができる。しかし、問題はある。というのは、内部の書類を1枚抜くためには、上に重ねてある書類の全ページを互いにずれないように注意深く外して目的の1枚を取り出し、用が済むまでの間、上に重なっていた書類の束が風に飛ばされたり机から落ちないように文鎮を置いて動かないように管理しなければならない。こうして細心の注意をはらってもたいていはページがお互いに少しずれてしまうから穴の位置がまっすぐ通らない。フラットファイルに再び綴じるには、穴の位置がまっすぐに揃っているひとまとまりだけをファイルに戻すという動作を二、三回繰り返さなければならないのである。

ルーズリーフで抜き挿しがもっと楽に

ルーズリーフと呼ばれるファイル（図2-2）はわが国では1907（明治40）年の実用新案に現れる【大林帳簿製造所　1907】。そこには発明者の個人名は書かれてないが、そのかわり「合資会社大林帳簿製造所」とある。当時、出版を事業とする会社だったようだ。企業が業務として開発を行い、その結果生まれた発明を出願したわけだ。いまでいう「職務発明」である。さて、その発明の名称を正確に書くと『「ルーズ、リーフ」式手帳』という（実用新案登

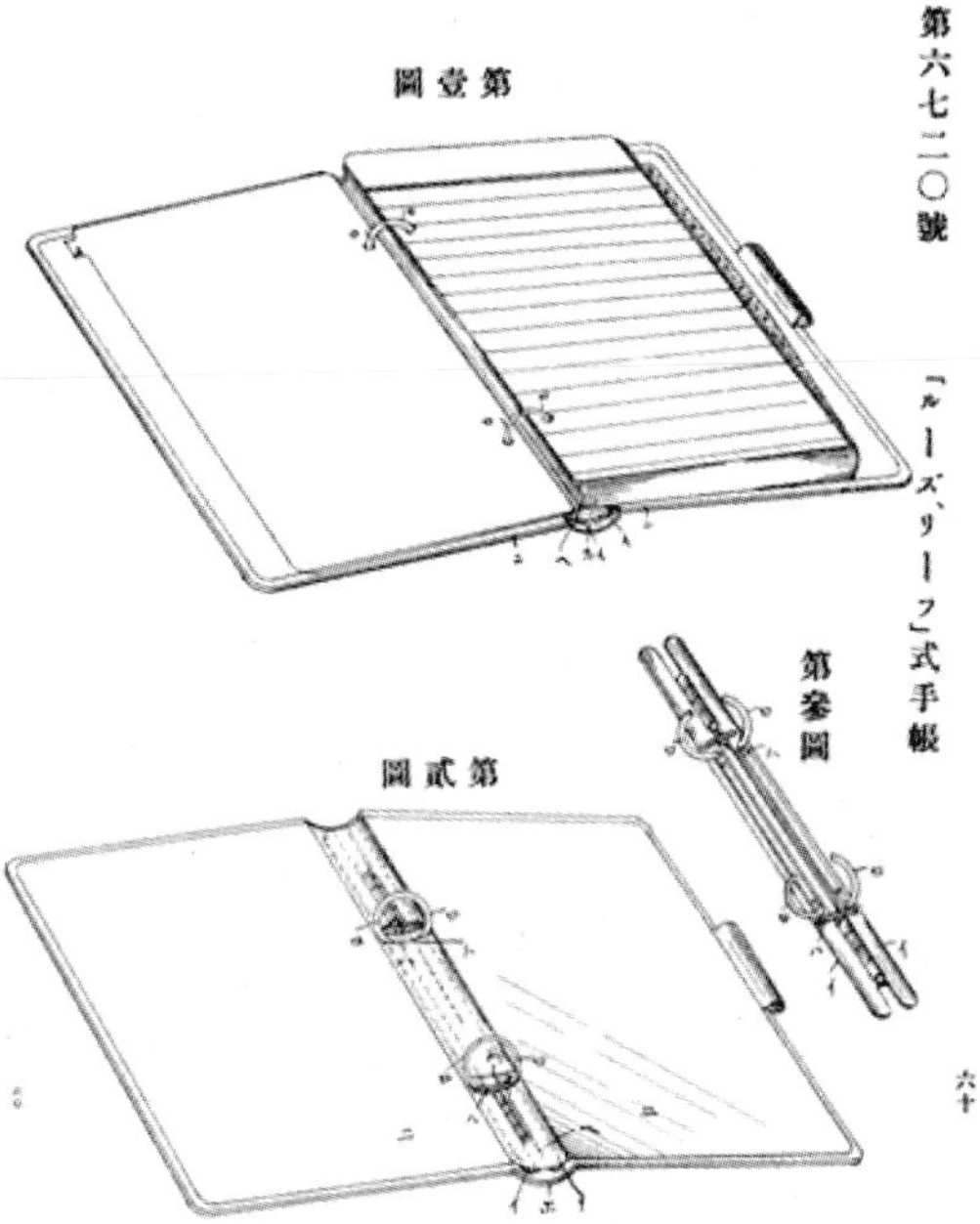

図 2-2　大林帳簿製造所が 1907 年に出願した「ルーズリーフ」ファイル
実用新案第 6720 号
金属のリング（ロ）が両側に開いて孔を開けた書類を綴じる。
任意の紙片を抜き挿しできる。

録6720号)。このファイルのしくみはこの後38ページで話す。

「ルーズリーフ」という形式の手帳、ルーズリーフを手帳に応用したというほどの意味である。わざわざルーズリーフを括弧でくくっている。それは、当時はあまりポピュラーな名称ではなかったためなのだろう。明らかに英語の loose leaf であるから、英語圏ではその当時ルーズリーフはすでに存在していたに違いない。loose は「綴じられてない」とか「1枚1枚」という意味である。ちょっと余談だが、「ルーズ」と「リーフ」の間に「、」が入っているが、明治時代には外国語をカタカナ表記するとき単語を分かち書きして間に「、」を入れることもあったようだ。

さて、英語圏で loose leaf と呼んでいたからにはルーズリーフの原型は英語圏ではその当時存在していたのではないかと思えるわけだ。そこで古い特許の電子データベースが無償で閲覧できる米国を調べてみよう。

ルーズリーフの原型と考えられる発明は米国特許第458394号(1891年)でミシガン州在住のサミュエル・G・ヒギンズという人が発明し特許を取得した【ヒギンズ 1891】。

この構造は図2-3に示すように背表紙の裏側に木材などで補強ブロックを設け、そこに溝を切って2個のリングをはめ込み、各リングの1カ所に切り込みが入っている。特許明細書

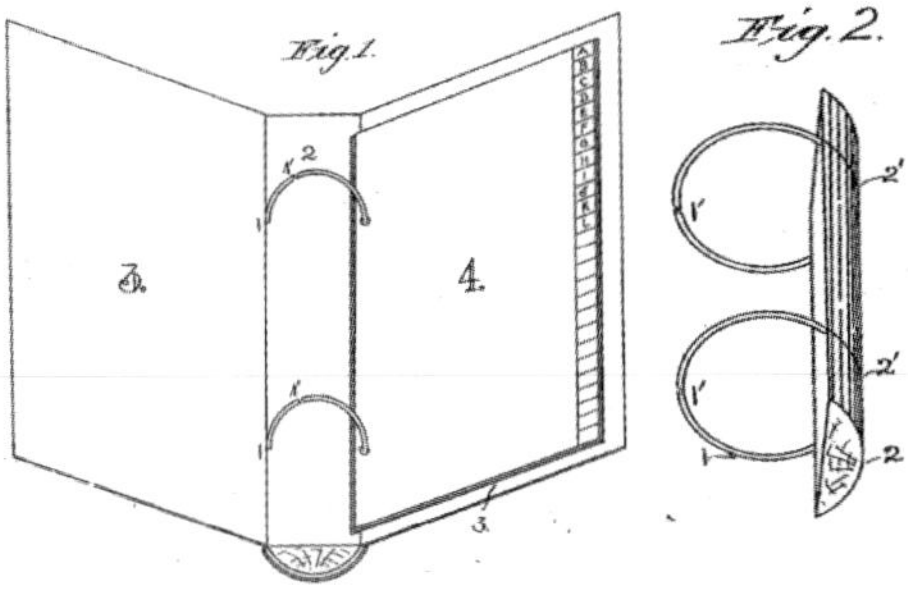

図 2-3　米国人ヒギンズに与えられた 1891 年の米国特許
ルーズリーフ型ファイルの原型で、1 カ所だけリングが切れており、そこから書類を抜き挿しできる。
米国特許第 458394 号。　Fig.2 は Fig.1 の部分図。

の説明によると、リングの切り込みを通して書類をリングに挿し込むようになっている。つまり、まだリングは広がらないのだ。しかしリングを背表紙に沿って回すことはできるので、書類を挿し込みやすいよう切り込みの位置を回して揃え、入れ終わったらリングを回して切り込みをわざとずらせば抜け落ちる心配がなくなる。しかしこの構造では、リングそのものを回さなければならないのでめんどうだ。切り込みを大きく作れば抜き挿しは楽だが抜け落ちやすい、小さく作れば抜き挿しに苦労する。この発明の名称は memorandum and scrap file（メモおよび切り抜き帳）、まだルーズリーフの名称は出てこない。

　現在のルーズリーフにもっと近い発明は米国特許700867（1902年）に見られる。ラルフ・G・ホイットロックというロス・アンジェルス在住の米国人による発明である【ホイットロック　1902】。この発明で初めてリングを大きく開閉することができるようになる。そうなると何ができるのか。リングの中央が開くようになっていると、特定の書類を抜き出したいときはその書類の前後の書類を左右の円弧に振り分ければよい。そうすればリングが中央で開いたとき書類を抜き出すことができ、他の書類は順番を一切変更されることなく2つに割れたリングのどちらかに収まったままである。書類をどこかの位置に挿し込みたいときもまったく同じで、入れたい位置でリングを開けて書類を挟めばよい。この発明で抜き挿しが大変楽になった。

リングを大きく開くにはリングを2つの円弧に分割し、各々一端を手帳側に固定しながらも他端がその固定点を中心に廻るようにしておく（図2-4）。他端は円弧の先端同士がぴったり会合するようにすれば開いたり閉じたりできる。発明の本質的な要素はリングの開閉にあるが、このほか、少々乱暴に扱ってもリングが勝手に開いてしまわない工夫とか、リングを簡単に開閉するための機構を必要とする。このころの米国でリングを有するファイルがさまざま工夫され大量の特許が誕生している。1905年の特許あたりから loose leaf binder といった名称が現れてくる。

わが国の大林帳簿製造所のルーズリーフもそこからわずかに2年の遅れでしかない。2年という短い期間だから「ルーズリーフ」の名称が一般化していなかったのも無理はない。次

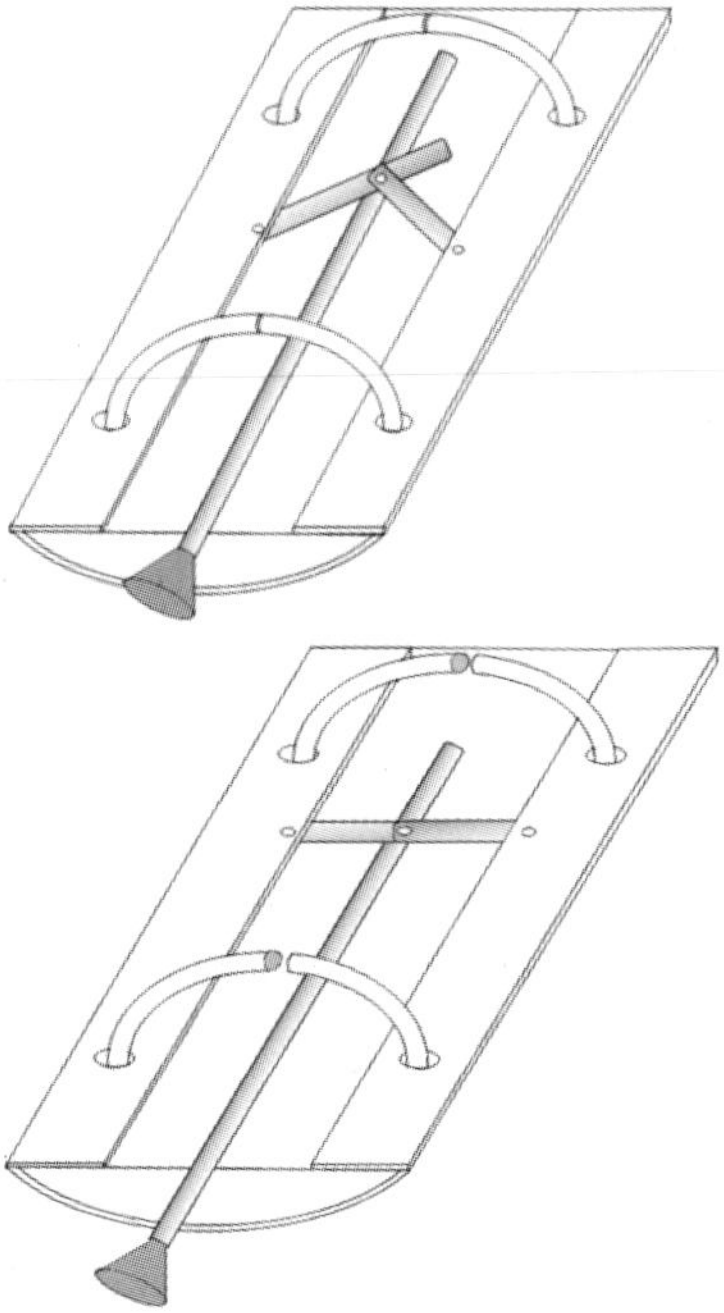

図 2-4　米国人ホイットロックの米国特許第 700867 号（1902 年）

図は引用ではなく、著者が書き直したもの。上はリングの閉じた状態、下は開いた状態。上の状態で中央のロッドを手前に引くとトグル機構により押されてリングの中央が開く。現在のルーズリーフに近い。

に、そのしくみと動作を、ページを少し戻して図2-2に見てみよう。手帳の背表紙の裏側には「イ」で示す板があり、そこに円弧状の金具（ロ）が設置されている。ここで（イ）は左右に2つ、（ロ）は左右に2つ2カ所で計4つ示されているが、左右に機能上同じものが反対向きに向かい合っていることを示している。この金具（ロ）を開いたときに、あらかじめ対応する位置に穴を開けた書類を挟み込み、円弧状金具を閉じればリングの形になって書類を保持できる。もちろんリングがしっかり閉じていないと書類を保持するというファイルの基本的役割を果たせない。大林帳簿製造所のものでは、左右の板（イ）の間にばねを挟み互いに引き合うようにすることで、円環を閉じた状態に保ち、手帳を少々振り回しても勝手に開いてしまうことのないようにしてある。円環を開くには手で開くという単純なものだ。ところが開いた状態で止めておく機構は明細書には明示されてないので、このままでは手を離すと直ちに閉じてしまうかもしれない。何らかの機構によって開いた状態に留めるようにしたと思うが、発明の骨子とは違う部分なので意識的には書いてはないのだろう。

ところで、ホイットロック特許の方は手で開閉しなくて済むようにもう少し実用性の高い構造になっている。もう一度図2-4を見て欲しい。背表紙の裏側にレバーとそこにつながった操作棒が設けられている。操作棒を長さ方向、すなわち水平に動かすとトグル機構によって距離が伸び縮みする。すると半円形側板が引っ張られたり押されたりして、側板に開けた穴に通されている円弧もいっしょに動かされて、その結果リングが開閉するのである。この半円形側板はプラスチックや弾性の高い金属で作ることがミソである。その当時、エボナイトやセルロイドなどのプラスチックが知られていたし、板ばねはもっと古くから弓などに使われていたから弾性のある金属も知られていた。さらに不用意に開いてしまうのを防止するため歯車を操作棒に固定して設置し、リングの内側にも歯車のみぞを切っておく。操作棒の歯車は「リング閉」の状態でちょうどリングの位置にくるよう作っておく。するとリング閉のときのみ操作棒の歯車がリング内側につくった歯車とかみ合ってリングが閉じた状態で安定し、少々振り回しても勝手に開かないことが保証されるのである。リングを開けたいときは、操作棒を移動させると歯車は外れるからリングが開くときに歯車が邪魔になることはない。

わが国の発明も、米国の発明も、リングを開閉して書類を綴じる機構を持ち、かつリングがしっかり閉じるように工夫するところに発明の特徴がある。だから、通常は閉じているようにするのが基本であり、それは1902年までには完成している。わが国では少し遅れて異なる方法で同じ目的を実現した。その後の発明はリングの開閉を容易にする機構やリングを閉める機構についてのさまざまな工夫である。その意味でわが国の発明も同一機能を異なる技術で実現する「代替発明」のひとつといえよう。明治末期のわが国で、米国とほぼ同時期に同じ機能・性能を追求する開発が進行していたということは興味深いことである。比較的簡単な日用品の事例であるが、わが国の発明への意欲も米国と肩を並べるところにきていたのである。

大量の文書の保管ならパイプ式ファイル

ルーズリーフ式ファイルに入れた書類を抜き挿すとき、誤って書類にあけたパンチ穴をリングの先端に引っ掛けて穴を破いてしまうことがある。穴が2つだとすれば残り1つの穴がだめになるまでは書類はかろうじてそこにとどまっている。また、書類をリングの一方の端から他の端へめくったとき不注意で紙を引っ張り穴を破ってしまうこともある。特に端の書類は危ない。端に綴じた書類はパンチ穴が破れて、ずり落ちそうになっているのをよく見かける。端のページはいつも力が掛かっているらしい。挿し込んである書類の量が増えるとなおさらである。この理由を解明してみよう。図2-5はルーズリーフのリングに書類が挿入されて表紙が閉じたところを断面でみたようすである。中心部に挟まっている書類はまっすぐ挿し込まれているが、端に挟まっている書類はリングの形状にそって曲げられることはすぐ理解できる。書類の紙面のうち曲げられる位置はまさに紙の隅に開けた穴のところである。だから使いこんでいると穴の部分が傷んでくるのはルーズリーフ型ではやむを得ないということだ。

すべての書類が、中央に挟まれた書類のようにまっすぐに挿し込まれるならば、このようなことは起こりにくいだろう。綴じ金具がリング状だから問題なのであって、まっすぐであれば

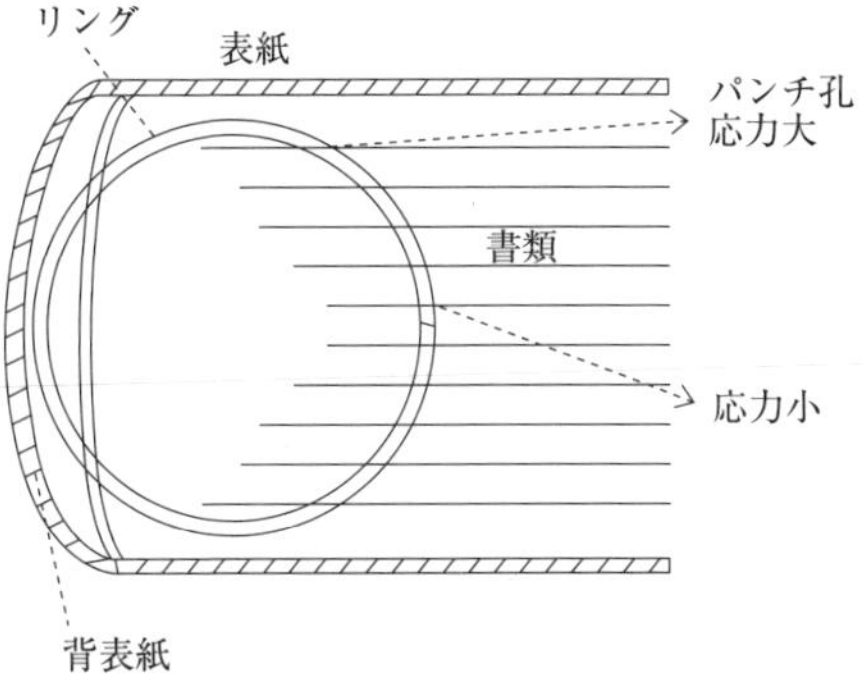

図2-5　パンチ孔にかかる応力の違い
リング式ファイルを閉じたとき書類のパンチ孔にかかる応力は外側の書類ほど大きいから、孔から破れることがある。

よいはずと気付く。そのような書類は実はルーズリーフが出現する以前から存在している。なぜなら、まっすぐな形状の針や竿を造る方が、リングを造るよりよほど簡単であるから、歴史的には早く登場するのだ。

話の道順としてはパイプ式ファイルの進化型としてのドッチファイルにつなげたい。ここでようやくドッチファイルの前身となるパイプ式ファイルに到達することになる。針を使うものや紐を使うもの、中空でない棒を使うものなどさまざまな形状が登場するファイル文具の歴史すべてをここに述べる余裕はない。まっすぐなパイプを使うファイルの原型となった発明を2つだけを紹介しよう。

ニューヨーク在住のトーマス・タウンドローの発明した米国特許28521（1860年）「帳簿綴（bookbinding）」【タウンドロー 1860】は一方

の表紙に立てた中空のパイプ（すなわち綴じ管B）に他方の表紙に立てた綴じ棒（C）が挿入されるファイルである（図2-6）。このままだとすぐ抜けてしまうので、脱落防止のためゴムバンド（F）で留める。原始的なつくりではあるが、中空のパイプの内部に綴じ棒を挿し込むことを適用したのは大きな進歩である。単に綴じ棒を使うだけなら、フラットファイルと大差ない。綴じ棒を平たくつぶせばフラットファイルになるだけである。

わが国の特許では1898（明治31）年に片山邁に与えられた特許3171号「綴込具」【片山 1898】が最初のパイプ式ファイルの特許である（図2-7）。一方の表紙（イ）の背表紙側の（ハ）の部分にパイプ（ニ）が固定して立てられている。金具（ヘ）は少なくとも先端部分が細くなっていてパイプ（ニ）の内部にはめ込むことができる。パイプにはめ込んだ状態から抜けるのを防止するため、金具（ヘ）を押さえておく必要がある。その役割を果たしているのが留め具（ト）である。ゴムバンドで留めるファイルと比べるとスマートになった。留め具（ト）は一端を背表紙（ロ）に固定し、他端を金具（ヘ）に掛けることができるようフック状に曲げてある。図2-7では留め具（ト）は2カ所で固定してあるからほとんど動かすことはできないはずである。金具（へ）を留め具（ト）に留めるときはフック状曲線部の下に押し込むような感じではめるのだろう。ここは無理な力が掛かることがある。この特許明細書では留め具（ト）を固定する先は（ハ）と表示される部分であるが、材質は板紙だという。使ってい

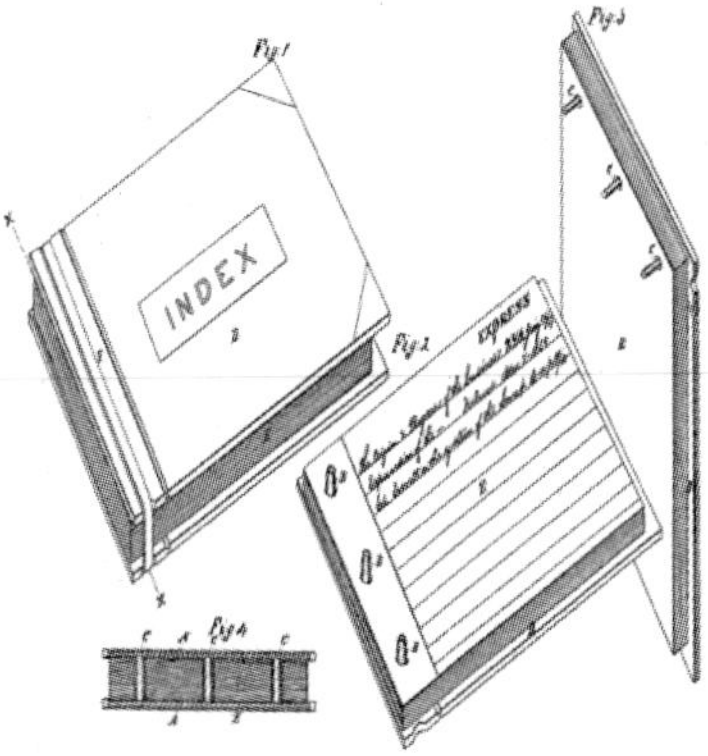

図 2-6　米国人トーマス・タウンドローが 1860 年に取得した米国特許第 28521 号
中空の綴じ管（B）に反対側の表紙に付設された綴じ棒（C）が挿し込まれる。

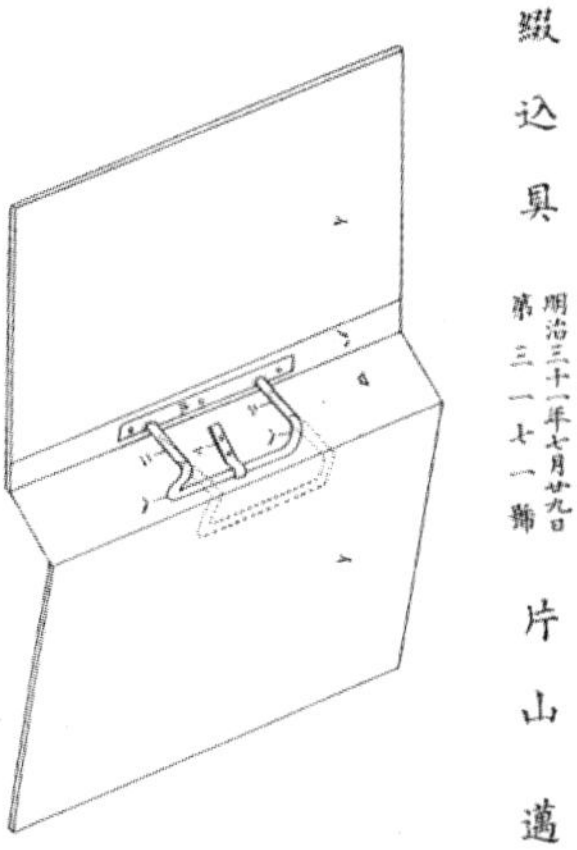

図 2-7　片山邁が 1898（明治 31）年に取得した特許第 3171 号
わが国のパイプ式ファイルの原型になった発明。（へ）で示す金具は留め具（ト）を外してやると点線で示すように抜け出る。

るうちに留め具（ト）の固定が緩んでくるだろうことは容易に想像できる。

係留するメカニズムに工夫がある

パイプ式ファイルを可能にしたもう1つの工夫は、パイプやパイプにはめ込む綴じ棒を植えつける側面の金属板（これを「側板」と呼ぼう）と脱落防止のため側板を係り止めする工夫にある。このうち普通のパイプ式ファイルからドッチファイルへの進化のヒントは側板の構造にあるので、次はこの部分へと話を進めよう。

1931年にオーストラリア在住のジョージ・A・フィリップスに与えられた米国特許1817930【フィリップス 1931】は、片山邁に与えられた特許の側板はファイルの片側の表紙に固定して留め付けてあったに過ぎなかったが、この特許になると、ちょうつがい（B_2）で表紙の端を留めた。そうするとちょうつがいの軸を中心に側板（B_1）を回転させることができるようになった（図2-8）。そうすると何がよいのか。側板は立ち上がり、そのため書類を密に束ねてある綴じ部が表紙から離れて上を向くので、どの位置で分厚い書類を左右に分けてもファイルは開いたまま安定していられる。いままでのように書類を束ねた部分が表紙に張り付いていると、机の上に欲しい書類を広げておこうとしても、すぐ閉じた状態に戻る方に力が働いてしまい扱いにくい。価格の安いペーパーバック装丁の書籍でよく経験するのと同じだ。この特許では、側板が立ちあがることによって、手を離しても書類の束が元に戻ってしまう心配がなくなる。というわけで分厚い書類の閲覧に威力を発揮するのである。このように側板が立ち上がることは分厚いファイルにとってきわめて重要なのである。

さらに、側板の反対側、すなわち書類を挟んでおくための金具（押え板）も用意されている。押え板は書類を綴じる役割を持っているが、どこかに係留しておかないと抜けてしまう。そこでこの特許では、一端が側板に回転可能な状態で取り付けられた板状のばね（F）を、クリップ止めのように押え板に形成した穴に嵌めて掛け止めをしている。綴じる方法に話を転じると、書類には穴を開け、綴じ管をその穴にとおすのであるが、綴じ管は綴じ棒がパイプの中空部分に挿入される方式ではなく、一方の側板に綴じ棒を植えつけ、対面側の側板に穴を開けて通すだけの単純なものである。綴じ管については進歩がないともいえる。穴の数も４つもある。穴の数はわが国と米国で異なるものが使われて来たようで、現在でもやはり異なっている。

板ばねを上位の機能から考える

さて、図２-８の金具（Fig.3）に注目してみよう。側板（B_1）が立ち上がり、押え板（D）が側板と平行になった状態である。押え板を係留する手段は板状のばね（F）であった。フィ

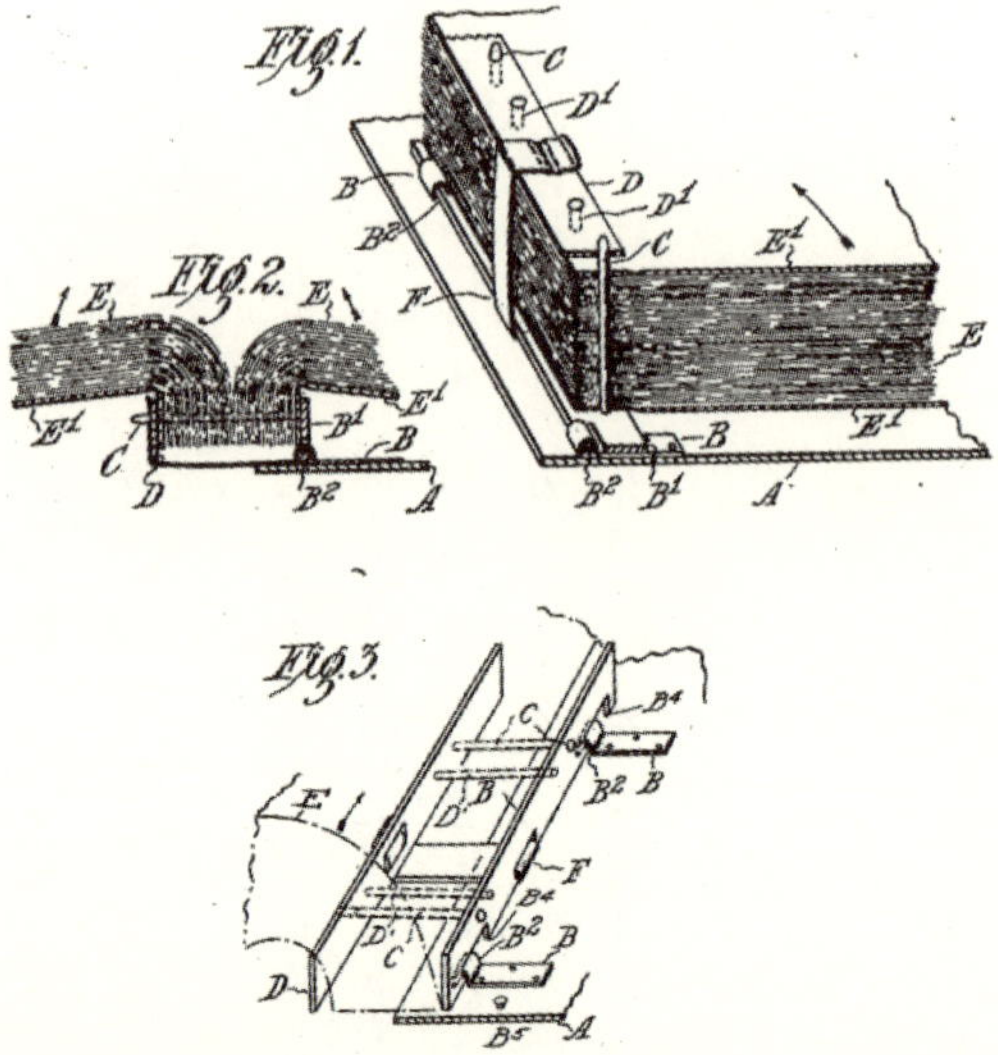

図2-8　オーストラリア在住のジョージ・A・フィリップスに与えられた1931年の米国特許第1817930号

初期のパイプ式ファイルで、B^2がちょうつがい。書類を開くと書類の束に側板（B_1）が引っ張られて表紙（A）から浮き上がる。Fig.1は書類を閉じた状態、Fig.2は開いた状態、Fig.3は開いた状態の金具を示す。

リップス特許は表紙が片側しか存在しない形態のファイルに使うことを想定しているので、綴じ部の裏側にクリップ型の板ばねがあっても不自然ではなかった。しかし書籍の形をしたファイルは表と裏の表紙を持ち、そうであればこのような板ばねは背表紙の裏に隠れてしまうので、取り外すことを考えると都合がよくないであろう。取り外し容易であるが板ばねの代わりをする機能が必要だ。要するに、押え板を綴じた書類の束に対して任意に留めたり、外したりできればよいのだろう。それが板状のばねの果たした機能なので、それを代行することを考えればよい。

たとえば、図2-9のように押え板の左側に押え板を係留する手段を新たに設けてやれば、係留手段が押え板を留めたり外したりできて、その結果板ばねと同じ機能が得られるのではないか。板ばねが不要になりデザインももっとすっきりしてくる。押え板を美的に、かつ効果的に係留する手段を考えたのはわが国の宮本英太郎であり、宮本が創業した会社（現在のキングジム）が成長するきっかけとなった革新的なファイル製品の発明であった。実用新案公告昭30-1816（1955年）を皮切りに昭和30〜40年代初めにかけてキングジムは多数の特許や実用新案登録を取得した。

さて図2-8では板ばねの一端は、ちょうつがいの方法で側板の端にくくりつけられていて、開放側を回転させて押え板の上からはめ込み、押え板を押えた。さて、板ばねは側板にくくり

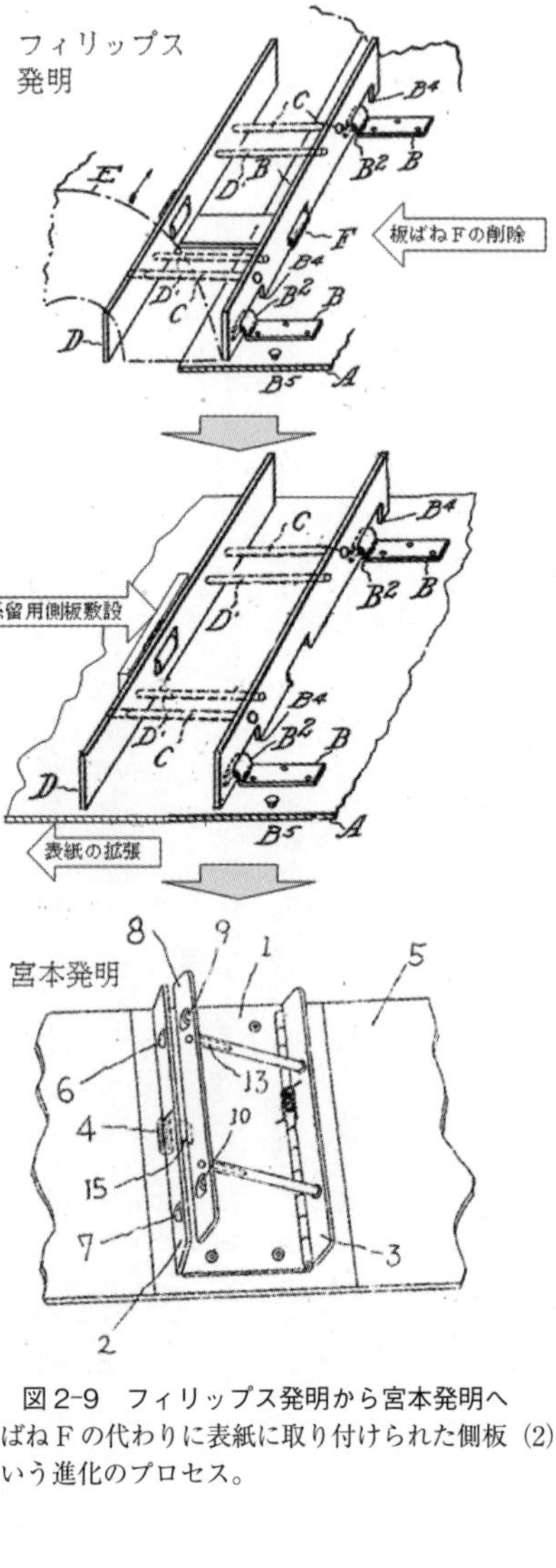

図2-9　フィリップス発明から宮本発明へ
板ばねFの代わりに表紙に取り付けられた側板（2）という進化のプロセス。

つけられていた、ということは表紙にくくりつけられていたことと同じである。なぜなら側板をちょうつがいで表紙にくくりつけたからである。フィリップス特許は片表紙のファイルであったが、これを両面に表紙のあるファイルに拡張してみよう。側板をくくりつけていた表紙の面積を2倍まで大きくして反対側を第2の表紙として機能させる。そして、板ばねを表紙に直接くくりつけてみよう。そうすると図2-9のように板ばね—表紙—側板は回転自在ではあるが、表紙を通じてつながっていることになる。つながっていれば、板ばねを使って押え板を側板に対して係留することができるだろう。

このように類推していくと、フィリップス特許でちょうつがいを取り付ける下地となった表紙の強度を確保するための下地金属板と表紙を両方とも延長して、下地金属板にあたる位置が背表紙となるように両側に側板をちょうつがいで設置するというアイデアに到達できるだろう。板ばねが片側の側板になると考えればよい。板ばねはクリップとして機能したから、新たな側板にクリップと同じように反対側の側板に向けて押えつけるような機能をもたせてやればよい。ばねを使って側板に常に力が働くようにする。ここまで考えていけば宮本特許までは残り一歩である。ここで以前紹介した図2-7の片山特許を思い出していただきたい。中空のパイプのなかに綴じ棒がはまるパイプ式で構成されていた。フィリップス特許を上位概念で把握して構成し直すこと、これにパイプ式を組み合わせること。こうやって最初の宮本発明（実用

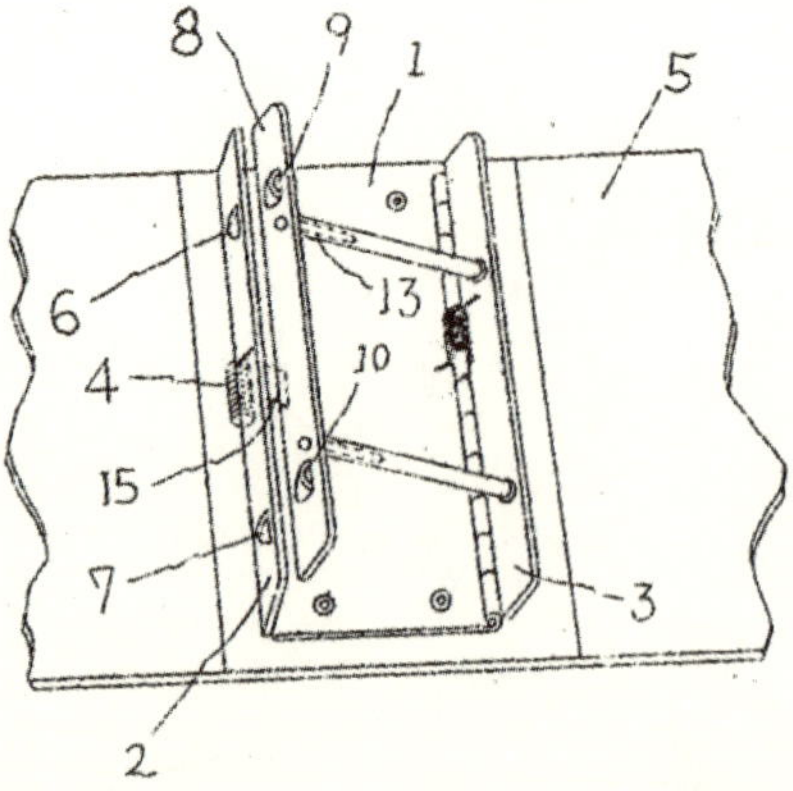

図 2-10　宮本英太郎が 1955 年に取得した実用新案公告昭 30-1816 号
側板（2）が表紙にちょうつがい接続され、巻きばね 4 で中央に傾倒し、押え板（8）を係留する。図 2-9 の 3 つ目の図の再掲。

新案公告昭30－1816）に到達するのである【宮本 1955】。技術の発展の歴史のなかに、このような思い付きの連鎖があったのかもしれない。

一連の宮本発明のうち最初に出願された実用新案が図2－10である。ファイルの表紙（5）の両側に側板（2）、（3）がありそれぞれが背板（1）にちょうつがいでつながれている。各々のちょうつがい接続には巻きばね（4）がついていて側板に常に力がかかっており、その方向は、左側板は内側に向かって倒れ、右側板は外に向かって倒れるようにしてある。左側板は力を加えない限り直立してくれるのが望ましいので、ストッパー（14）をつけてあるから直立までいくと背板にぶつかりそれ以上倒れない。押え板（8）

には突起（9）、（10）が、左側板には穴（6）、（7）があり突起と穴が互いにはまることで綴じ、同時にばねの力で左側板を押えるようになっている。

側板のひとつを固定するともっと安定する

図2-10の発明は側板は左右とも回転自在にちょうつがいで背板に留められていることに特徴があった。このようなファイルは強い衝撃を加えると側板が回転し、その結果、係留が外れやすい。外すつもりでないときに外れるから困ったことになる。そもそも側板を回転自在につくったのは綴じた書類の中間で簡単に抜き挿しできるようにすることだった。外しやすい構造にするとそれだけ意図しないときに外れることが多くなる。そこで、係留が動きにくい構造を求めることになる。

ヒントはどこにあるか。ちょうつがいが動くと係留部分がいっしょに動く。だから外れやすい。すると、係留された部分が動かなければよいのではないかと気付く。このファイルの構造で動かない部分は背表紙に固着された背板である。ということは、係留部分が背板に対して動かない構造を実現すればよいことになる。

背板を折り曲げて側板をつくれば当然側板は固定される。このようなファイル構造はパイプ式ファイル以前に存在した原始的なものである。しかし、パイプ式ファイルの利点を維持しなければ意味がないので、ちょうつがいで回転自在の側板も捨てがたい。宮本はこの2つの矛盾する要求を同時に充たすヒントを自らの発明のなかに見いだす【宮本 1960】。図2-11は宮本自身の発明で、パイプ式ではないが、左側の側板（6）は背板（10）と一体でつくられ、側板の左側に四角に折り曲げたバー（7）が側板の切欠きや端から垣間見える。このバーはばねの力で側板に押し付けられているが、指でばねにさからって反対側に倒すことができる。右の側板はちょうつがいとばねによって外向きに倒れる。それといっしょに書類を綴じる綴じ棒（3）がちょうつがいを中心にして回転するわけである。書類を綴じるには綴じ棒（3）をバー（7）で押えてやればよい。綴じ棒（3）は右側板を回転させようとするばねの力によって上に動こうとするがバー（7）によって押えられている。同時にバー（7）はばねによって左側板に対し内向きに押えられている。この構造では係留部分は側板、すなわち背板と一体につくられた側板を支えにして綴じ棒とバーを係留しているので動きにくい構造になっているといえるわけだ。

宮本はこのアイデアを土台にしてさらなるパイプ式ファイルの改良を進める。図2-12がその成果である【宮本 1962】。左側の側板（C）は背板（B）と一体の側板でつくられ、バーの代わりに新たに板（D）が設けられた。この板（D）やそれと同じ機能を持つ板を総称して本書では「係合板」と呼ぶことにしよう。係合板（D）はちょうつがいで軸の周りに自在に回

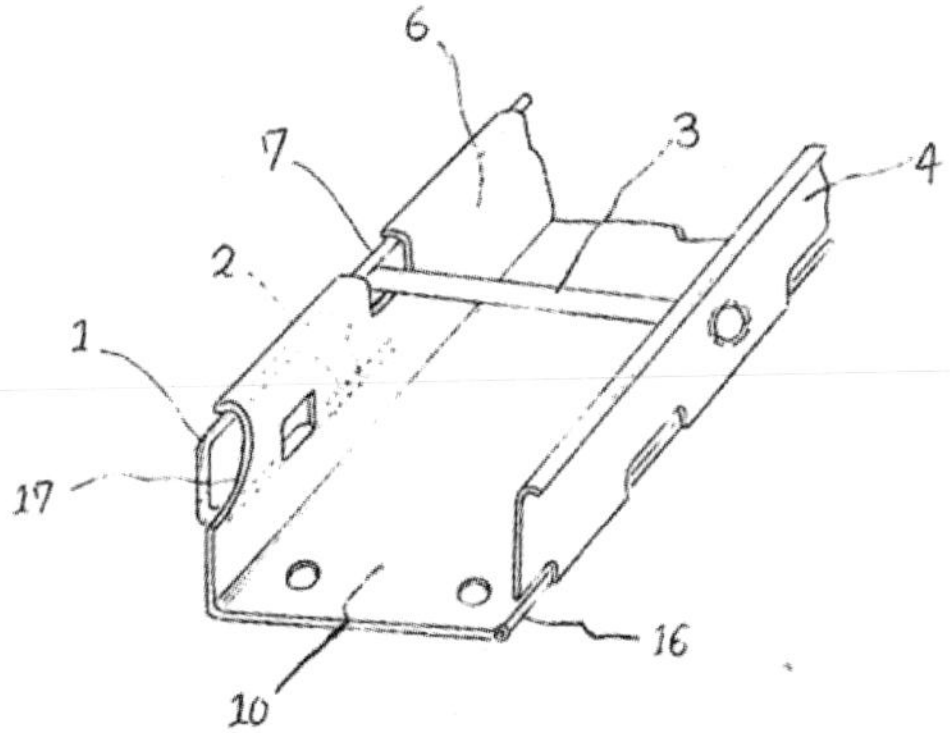

図 2-11　宮本英太郎　特許公報昭 35-17623 号（1960 年）
係留部分が動きにくい構造は側板を背表紙に固定すると得られる。いったんはパイプ式を放棄することになる。

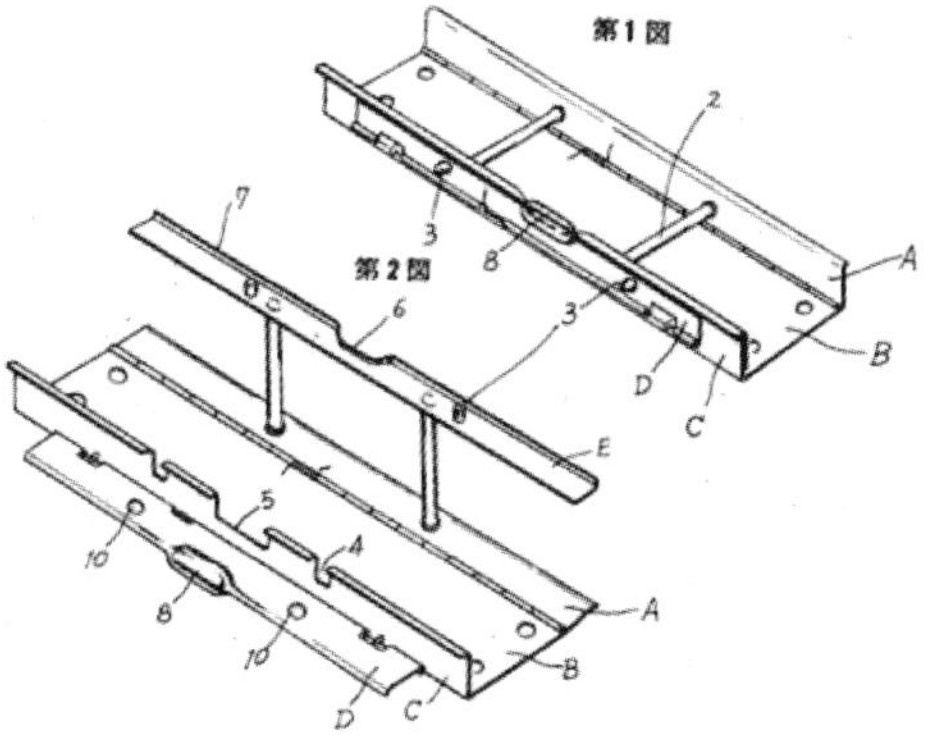

図 2-12　宮本英太郎　実用新案公告昭 37-26415 号（1962 年）
側板（C）は背板（B）と一体成型として固定し、係留のため新たに係合板 D を設けた。

転することができ、ばねの力によって側板に押し付けられている。係合板には穴（10）が開いており、押え板Eの上に設けた突起（3）が穴（10）にはまると、係合板が外向きに倒れない限り抜けない。図2‐11ではパイプ式ではなく単に綴じ棒をバーで押える方式であったが、この発明ではパイプ式の特徴といえる綴じ管と綴じ棒の抜き挿しに戻っている。

ドッチファイルの誕生―左右対称のメカニズム―

これまでファイル金具の発達を紹介してきたが、ここまで説明をすればドッチファイルの誕生のいきさつを技術史的に理解する準備が整ったことになる。ドッチファイルとは「左右どっちからも開けることができるファイル」として名づけられた。

図2‐12に説明したファイルは左側から開けるようになっていた。そのために左側は背板と一体の側板となっており、押え板は側板を支えに係合板にはまるように設計されていた。かつてちょうつがいで背板にくくりつけられてあった側板に代えて、押え板、側板、係合板と3枚の板が並ぶことによって片開きファイルが完成しているわけである。相対する右側板はちょうつがいでくくりつけてある。

このように思考を進めていくと、「どっちからでも開けることができる」ためには残った右側板も同じ構造にしてやればよいのではないか、とひらめくことがあるだろう。右側も押え板、側板、係合板の3枚を並べてやればよい。左右が対称になる。右側も外れるなら右側から開けることができるはずだ。

この考えに到達したのは株式会社キングジムに勤務する大湊清である。実用新案5件と同じ技術をまとめて並行に出願した特許1件、さらに半年たって追加で出願された実用新案1件がドッチファイルの技術思想を語る。この時点で確定したと思われる形態である実用新案登録1247414を図2-13にて説明しよう【大湊 1976】。

仕組みと動作の詳細は次のとおりだ。左右のくし板が外されて背板（1）と側板（2）だけになった様子を図2-13の内部にある第2図に示す。側板（2）の上端部は円形に巻かれて掛止用支柱（3）を挟んで固定するようになっている。第1図は左右のくし板（4）と係合板（7）である。係合板（7）はばねでくし板に留められ常にくし板側に倒れるようになっている。係合板（7）と指掛け（8）は一体であり、指掛け（8）を押して傾けると係合板（7）を掛止用支柱（3）にはめたり、外したりできる。くし板を背板にはめるときは係合板の指掛け（8）を少し外側に倒して係合板（7）の彎曲部を掛止用支柱（3）にはめ込む。係合板（7）はいったん掛止用支柱（3）にはまるとばねの力で押えられているので抜けることはない。外すときは指掛け（8）を外側に倒すと、係合板（7）と掛止用支柱（3）のはめ合わせが外れるが、反対側のくし板は外れてないので片開きの状態になる。

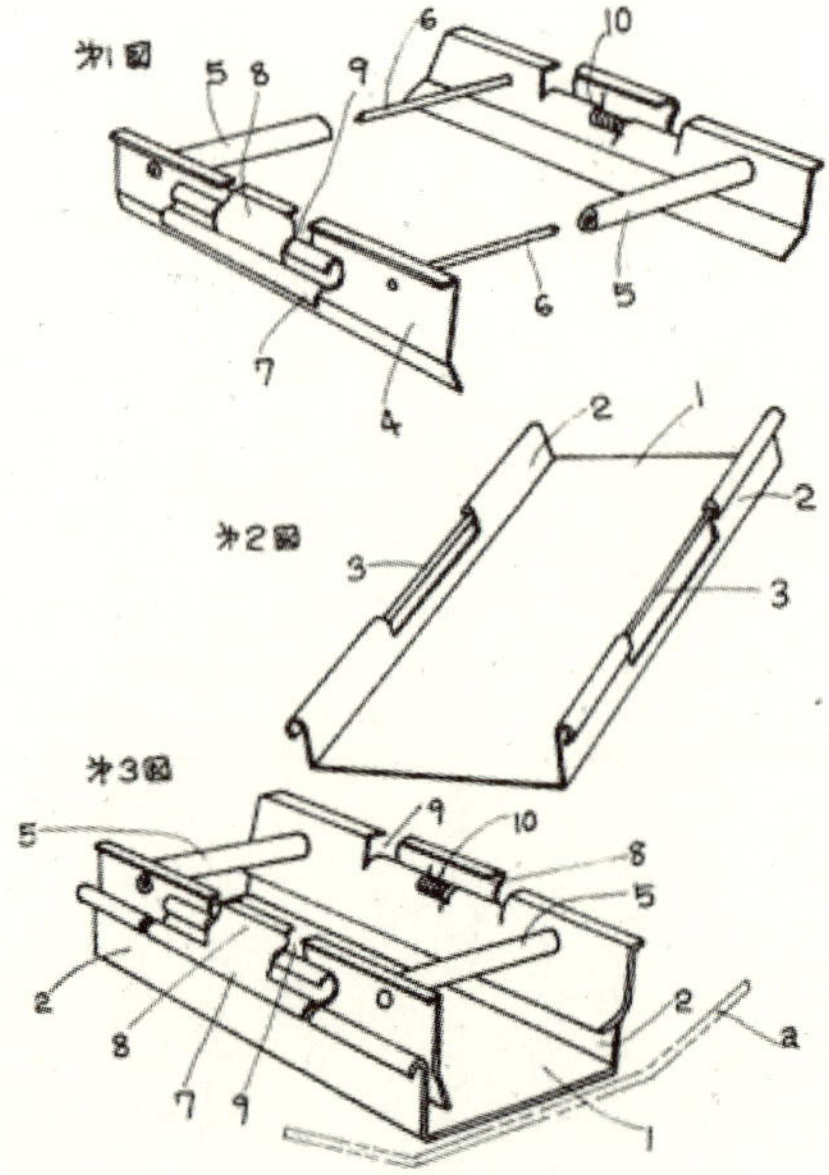

図 2-13　大湊清　実用新案第 1247414 号「ドッチファイル」の発明（1976 年）

おおきく 4 つの部分から構成される。第 1 図は左右のくし板（4）と係合板（7）、第 2 図は一体成型の側板（2）は背板（1）、第 3 図ははめ合わせた状態。左右対称で第 1 図のように外すことができるのが特徴だ。

すでに説明したように、左右いずれにも開くことができるファイルとしてリング式のルーズリーフが古くから存在していた。リング式ではリングの中央を左右に開くことにより、書類の束の任意の位置で右側の半円弧と左側の半円弧に書類を振り分けることができ、その隙間に書類を追加することができたし、どの位置にある書類でも同じようにして外すことができたことはすでに見たとおりである。リング式ルーズリーフはその構造が左右対称のつくりであったことは注目してよい。一方、パイプ式ファイルは大量の文書を保管する用途で開発されたので原則的には真っ直ぐなパイプを使って書類を綴じる。いくらでも分厚くすることができるのが利点である。パイプ式ファイルでは書類の束を2つの板（それは側板だったり、くし板だったりする）の間に挟む構造になっているので、抜き挿しを可能にするためには少なくとも2つの板の間に隙間を作らないといけない。宮本のパイプ式ファイル特許には両開きの発想につながるものはなかった。パイプ式のように綴じ管と綴じ棒が互いにはめ込まれるようになっていれば、書類を綴じ管と綴じ棒のどちらかに寄せておくことで、片側が固定、反対側を回転自在にする構造でも抜き挿しは可能だからであった。いわば、非対称の構造であった。大湊がドッチファイルを実現した着想の源泉は左右を対称につくることだった。左右いずれからも開けたいのであれば、片側にだけ適用していたメカニズムを両側に適用すればよい。ルーズリーフの対称性をパイプ式において復活した結果である。理にかなったことである。

世界的に類似品のみられない発明

宮本英太郎の片開きパイプ式ファイルは「キングファイルG」として、大湊清の両開きパイプ式ファイルは「ドッチファイル」として各々1964年と1975年に商品化され、いずれもビジネス顧客の強い支持を得てキングジムの屋台骨をささえる商品となった。注目すべきことは、いずれのケースにおいてもそれまで一切似たような発明は見られなかったし、直接のヒントとなったと思われる発明すら見いだし難いことである。

図2-10に示した実用新案公告昭30-1816は宮本の一連の発明の最初のものである。これに最も近い先行する発明として図2-8にフィリップスの米国特許を挙げた。これら2つの図を見比べると、だれしもが「全然違うじゃないか」と感じるであろう。側板は、宮本発明では背板に留めているのに対しフィリップス発明では片側の表紙についている。宮本発明が側板とくし板を使うのに対し、フィリップス発明はくし板と押えの板ばねを使う。宮本発明が中空の綴じ管とそこにはまる綴じ棒の組合せを使うのに対し、フィリップス発明は綴じ棒をくし板にうがった穴にはめ込む。綴じ棒は、宮本発明では2本であるのにフィリップス発明では4本あるが、穴の数は発明のアイデアの違いというよりは、単なる設計上の問題と考える方がよい。片側の側板がちょうつがいで回転自在になっているところは共通している。フィリップス発明から宮本発明への変遷は筆者の推定である。両発明はかなりの差異があるものの、もし宮

本がフィリップスの特許明細書を見る機会があったら、その外観をヒントに発明に至ったかもしれない。すべてわかった後から考えると、1つ目はちょうつがいで側板を留めることが、2つ目には、くし板を板ばねで係留することが、くし板と側板の係留を暗示するといった点で技術的関連のあることが認められるというに過ぎないものである。

大湊の発明の場合も、それを暗示するような他人の発明を見ない。強いて言えば、リング式ファイルが書類の保持機構を背表紙側に設けてあり、それゆえ左右対称構造を持つことができることであろうか。パイプ式ファイルも背表紙側（すなわち背板）に保持機構を設けているので、同様の発想で対称にすればよいことは後から思えば自然なことだったろう。しかし、両側のいずれからも外せるということは、脇にかかえて持ち運ぶときに誤って衝撃を与えると、書類と金具もろともファイルの表紙から外れてしまうこともあり得るのだ。ただでさえ重量の大きい書類を綴じ込むことがパイプ式の存在する理由だ。したがって頑丈な保持機構を持っていないと両側とも外せるようにするのは危険な話である。その頑丈さは背板と側板の一体成型で得られた。その結果、左右とも微動だにしない側板を挟んでくし板をしっかり留める構造となった。技術は機能を実現する思想であるが、技術でも単純な方法で機能を実現したとき美しいと形容することができるが、この発明はまさに美しいという言葉が似合う。

キングジムにしか実現できなかった

株式会社キングジム。ビジネス顧客向け文具の老舗である。創業者は後に「キングファイル」の発明者となる宮本英太郎である。１９２７年、宮本は自身が考案した「人名簿」と「印鑑簿」の製造・販売に乗り出した。創業当時の社名は「名鑑堂」と称した。名鑑堂とは「人名簿」と「印鑑簿」から1字ずつとった社名である。人名簿も印鑑簿も基本的にファイリング文具である。キングジムは創業当時からファイリング文具の専業メーカだったのである。

創業当初からキングジムは世の中に存在しない新たな市場を開拓する商品を生み出すことを経営理念としてきた【日経トップリーダー ２０１１】。宮本の生み出したパイプ式「キングファイル」も大湊の生み出した「ドッチファイル」も、その当時の日米のファイル文具の特許で例を見ない斬新なものである。発明についての社内の姿勢は、個人の発想を起点とし新たなコンセプトをつくり新たな製品カテゴリーを創造する【東 ２０１０】。物まねは絶対にしない開発者の魂があった。キングジムは大量の文書の保管というビジネス部門におけるマーケットを創造した。このことによって組織全体で書類を共有する「オープンファイリングシステム」【キングジム ２００６】を提唱した。従来の組織におけるファイリングは個人個人の机にしまわれることが多かったのだろう。これでは同じ書類が何人もの手に渡り、守秘管理上も問題があるし、だいいちプリントコストの無駄であろう。組織で文書を共有したいという願望は持っていてもそれを実現するツールがなければどうしようもない。キングファイルはビジネス顧客の間に文書を共有する文化を創造したのである。

いまの企業や官庁では、業務の進め方や書類の保管などを明確に定めておくことが求められる。税務調査やＩＳＯ９０００などの業務品質監査などのさい、各種の書類は調査官が要求したときは直ちに机の上に広げて見せなければならない。必要なら書類を抜き出してコピーをとる。そのための大量の文書の乱れのない保管手段が求められる。キングファイルやドッチファイルはこのような時代の要求を充たしつつ社会に貢献したのである。

第3章　集成材
―木材の可能性を広げた発明―

集成材とは、そして何が画期的なのか

集成材とは木材の一種である。漢字で表現されるとおり、小さい木材を集めて接着してつくった大きな木材である。昔は丸太やノコギリで挽いた木材だけが普通にみられる木材だった。いまでは集成材ばかりでなく、チップ状に裁断して接着剤で固めたものや木の繊維をばらばらにほぐして固めたものなど、植物由来の材料はずいぶんと種類が増えた。これを総称して「木質材料」という。

これからお話しするように、集成材は誰かが一気に発明したものではない。特許はおろか発明という概念すら存在していなかった大昔から、生活や経済活動に必要なものを作り出す過程で、集成工法または集成した木材が徐々に考案されてきた。技術的には接着剤が要であるが、それには古くは自然由来のもの、たとえば鉄のバンド、にかわ、うるしなど、のちには化学合

成された接着剤が使用された。わが国でも古くから巨大柱に集成工法を使い、仏像の集成技法を発明し、世界の最先端を走ってきた。わが国は欧米の化学工業の勃興に立ち会えなかったため大規模木造建築用の接着剤「レゾルシノール樹脂」では遅れをとったこともあったが、第2次大戦後は再び最先端に並び木材用として画期的な「水性高分子イソシアネート系接着剤」を発明した。世界中で使われてきた集成材であるが、木造建築や木の道具で日本人が大きく寄与したのは木の文化が背景にあったゆえかもしれない。

わが国の1955～1990年ごろ（昭和30～60年代）、建築材としての木材の使用は制限されていた。木材は火災で燃えやすい、地震に対する強度が不安といった理由である。一般住宅は木造が中心であったが木造では強度的に2階建てまでしか許されず、大きな公共の施設は鉄とコンクリートと相場が決まっていた。この間、わが国では住宅建築材としての木材の需要は旺盛であったが、あくまで挽材《ひきざい》による在来工法への柱・梁（これらは「構造用材」である）の供給に重点が置かれ、品質管理もせず大工さんの熟練に任せてきた。質の悪い木材を使いこなす大工さんの能力があったから、現場で上手に木を操りながら住宅が造られてきたが、工業的木質材料への進化という点では、ほとんどみるべきものがなかったといってよい。一時的に木材価格が高騰した時期もあったが、この間に将来に向けての技術開発を怠っていたため、欧米で台頭した集成材などのウッド・エンジニアリングに出遅れてしまったのである。価格が高騰したのは木材が国内に不足した証拠であるが、このとき、柱・梁材以外の造作用材は輸入に頼って需要を充たした。柱と梁を「構造用材」といい、内装、天井、床、建具、棚などの用途に使う木材は「造作用材」という。輸入木材は価格も安いし、さらに重要なことは、規格が明瞭であり、きちんと乾燥されているから使っているうちに寸法が狂うということもない。言ってみれば外国産木材は、町の大工さんや建具屋さんの手仕事向けではなく、規格を定めた工場生産の原材料として提供されたのだ。その後平成期に入ると、住宅着工戸数が減少に転じ、それゆえ木材価格が低落するとともに、住宅建設そのものに変化が出てくる。すなわち、柱・梁を組む在来工法の住宅がめっきり減少し、代わりにツー・バイ・フォーなどの壁工法が主流になってくる。ツー・バイ・フォーをよく見ると数枚の挽板を重ねて作ってある。板を重ねると柱の代用になってしまう。いわゆる集成材だ。この方が安価に住宅を造れるし、乾燥されており品質も工業レベルということで、そこで使いやすい外材が選択され木材産業の主流になってしまった。以前は造作用材だった外材が構造用材にも進出したわけである。

ここで木質材料全体のなかで集成材の持つ位置を確認しておこう。木材はミクロには繊維で作られている。繊維は細く長いものだから方向によって性質が異なってくる。たとえば、ロープは繊維で作られており重い荷重を支えることができる。木材も繊維のレベルで考えると、繊維の向きによって強度など木の性質に違いが出てくることは容易に想像できるだろう。繊維

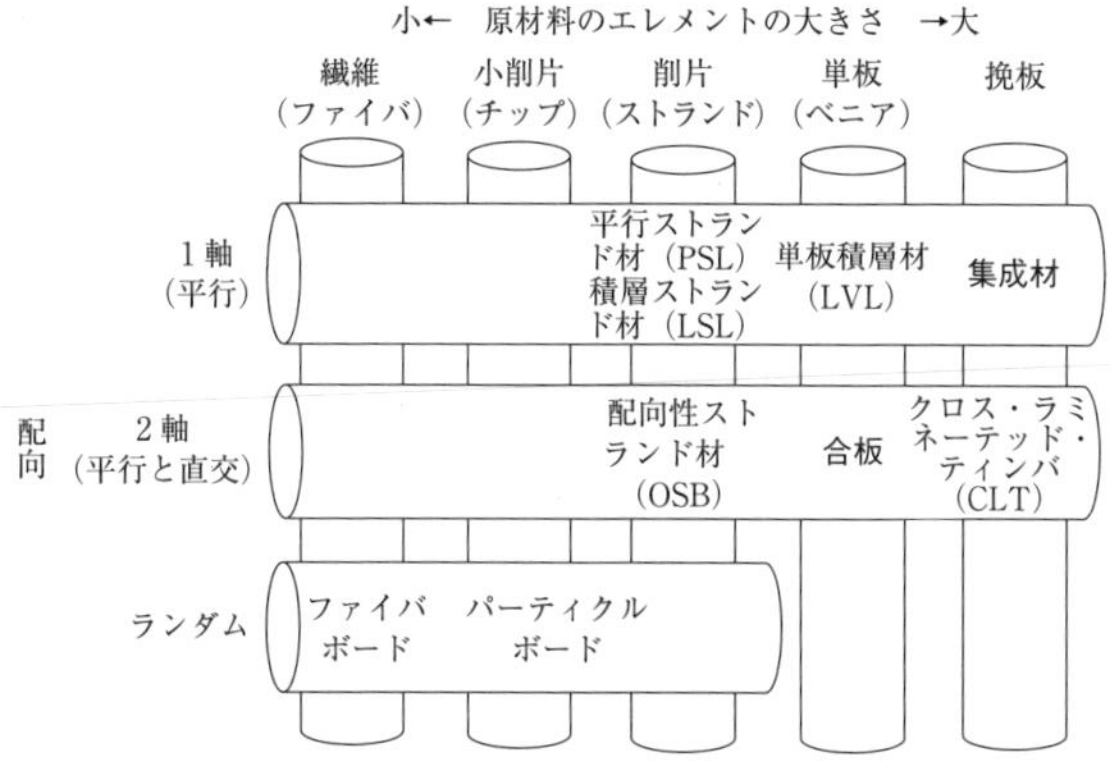

図 3-1　木質材料における集成材の位置

【趙 2000】の分類法に従うが、集成材の位置づけを説明する必要の範囲を超えるものは省略した。欧米で中高層建築用の新構造用材として注目を集めているクロス・ラミネーテッド・ティンバ（CLT）も集成材の新たな仲間と考えてよい。わが国でも認定に向けて試験が始まった。

の向きを同じ方向に揃えてあるとか、意識的に直交させているとか、向きはできる限りばらばらにするというように3通りの向きの配置を考えよう。これらを各々、「平行」、「直交」、「ランダム」と呼んで、図を作り縦に配置する。次に原料である木材の分解の程度のようなものを考えよう。立木《りゅうぼく》（生えている樹木）に最も近い木材は「丸太」だ。丸太をノコギリなどで切り出すと「挽材」となる。丸太を薄くかつら剥き（大根のかつら剥きと同じように周囲から剥き取っていく）にしたのが「単板」である。ここからさらに木材を切断していくと「ストランド」や「チップ」となりだんだん細かいものになる。極限は、繊維をほどいてしまうことだ。これを「ファイバ」という。このような木の分解の程度を「エレメント」といい、これを図中で横軸に配置しよう。こうすると縦横に座標軸ができるので、このなかに木質材料を並べてみる。これを図3-1に示す【趙 2000】。このように配置すると集成材のポジションが明快になる。すなわち、集成材とは繊維方向を一定として挽板を重ねて製造したものである。工業的には接着剤で結合したのが主流であるが、特に強度が必要な場合は、ボルトや釘、さらには鋼鉄の帯などで物理的な締め付けをしたり、ケーブルで接続したりする場合もある。

このように集成材は、乾燥しているゆえ狂いが少なく、寸法や強度の基準を充たし保証された工業材料であること、また、大規模木構造用途に向けた縦継ぎ技術や接着剤の開発が進んで利用が急増しているなど、木材の利用という点で大きなイノベーションを起こし始めている。ここにいたるまでに、1986年の構造用集成材の日本農林規格（JAS）の制定、1987年の「建築基準法」の改正、などにより耐震性の高い住宅や大規模木造建築のインフラが整備されたことも大きい要因である。

平安時代の出雲大社の巨大柱は木造の集成工法だった

1999年、出雲大社境内で地下祭礼準備室工事に先立っての発掘調査の際、巨大な柱の一部と思われる遺構が出土した。直径1・35メートルもの3本の巨大柱が互いに接触した形で

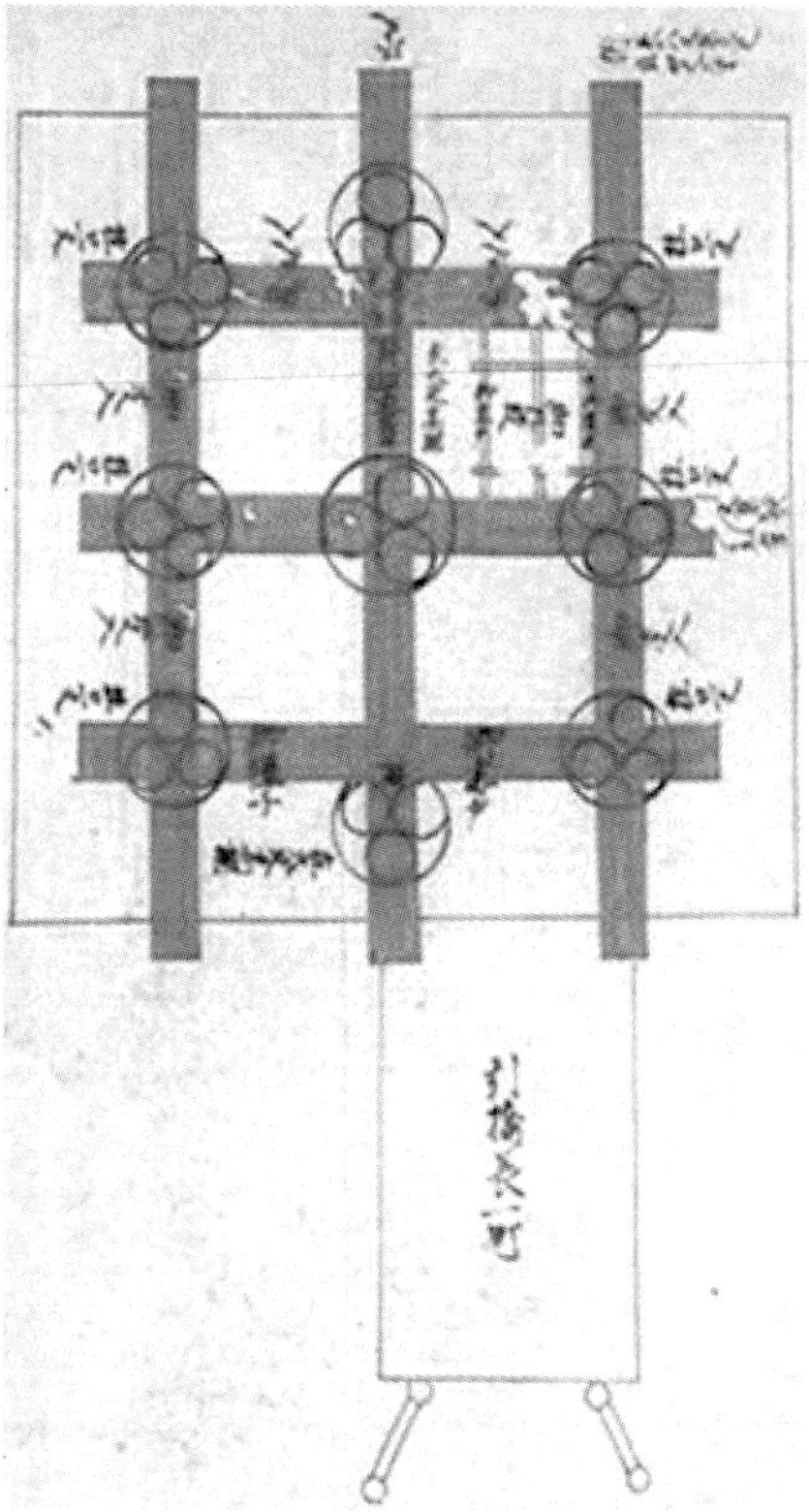

図 3-2　出雲大社に伝わる金輪造営図
神殿の床と柱・梁の位置関係を示しており、9本の柱は直径3m程度で中央だけ少し他より太く書かれている。各柱の円のなかに3つの小円が描かれており、集成工法を指図していると考えられる。神殿の高さは上古は96m、中古は48mと言われる。下部に描かれている「引橋長一町」は100mの引橋の意で、神殿に登る階段である。

出土したのである。接触した状態というのは重要なことである。平安時代の出雲大社の設計図とされる「金輪造営図《かなわのぞうえいず》」という文書がいまに残されている。これは神殿の平面図にあたるもので、小さい柱（とはいっても直径1・5メートル近い）が3つ接触して描かれ3つをまとめて大きな円が描かれている。この大きな円が3メートルにあたる。どうやら3本を束ねて1本の柱として造ることを指示した設計図のようだ。これは集成工法による柱といえる。金輪造営図には、このような柱が全部で9本示され、高さ48メートルにある神殿を支えるように設計したと解釈できるのだ。ところで、これだけの高さは平安時代の建造物として、また木造としてあまりに高いので、本当にこれだけあったのかどうかわからないといわれるが、柱の遺構も出たことであるし、かなり背の高い神殿があったことは間違いないようだ。

このように柱が集成工法によることは、以前から金輪造営図から解釈できていたのだが、実際に出土したことでたしかに集成工法を使っていたことが証明されたわけだ。ここで「金輪」というのは鉄の輪の意味であって3本の柱を締め付けていた。建設会社の大林組は平安時代の出雲大社の設計シミュレーションを実施し、机上での「復元」を試みた。そのなかで柱については図3-3のように直径1・8メートルの3本の柱を束ね、隙間にはやや小さい直径1・5メートルの柱を3つに割って補助材とし、1周を2つの金輪で締める工法であれば柱の建造は可能であると推定した。鉄製の30センチメートルの長さの釘も出土しているので、おそらくは

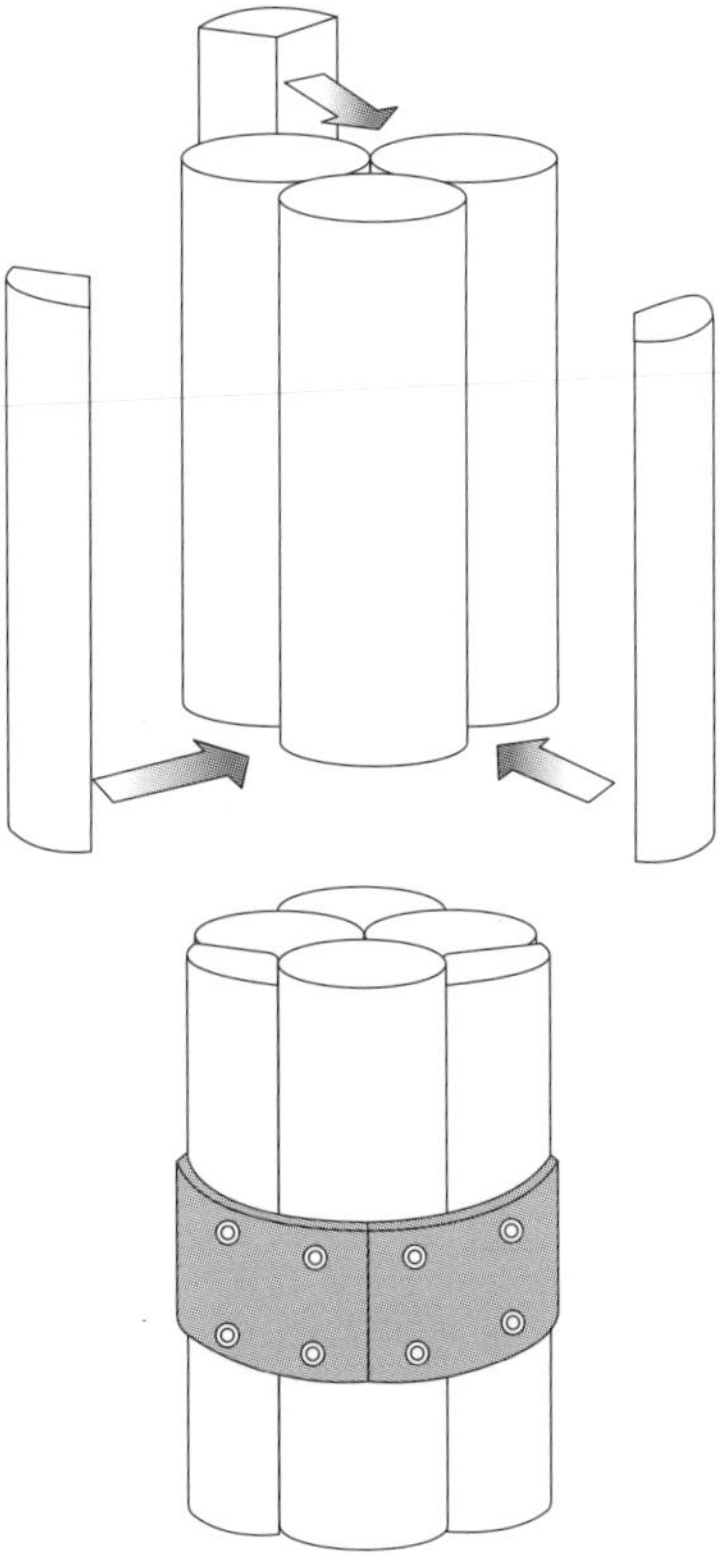

図 3-3　古代出雲大社神殿の柱の集成工法
大林組のシミュレーションによると、3 本を束ねたのち隙間に小さい補助材を挟み、鉄の帯で締め付けたと推定している。

柱に金輪を打ちつけたものだろうという。巨大な神殿を支えるに十分な強度を持つ柱を制作するには3メートルの直径を必要としたのであるが、これだけの太さの樹木は天然林でもなかなか見つからないであろう。ちなみに、スギ材であることが判明している。縄文杉といって樹齢2000年ぐらいで直径5メートルになることもあるようだが、超高齢樹は内部がうろ（空洞）になっていたりするので必ずしも強度は得られない。強度を確保するには入手しやすい太さの柱を束ねていくほうが得策だということを理解するに至ったのだろう。木材の集成工法の誕生である。以上、【大林組　2000】の記述を参考にした。

束ねて太らせた東大寺大仏殿の柱

東大寺大仏は平安時代の752年に完成し、大仏を納める大仏殿は追って着工され758年に完成したとされている。その後、大仏殿は戦争に伴う火災により消失を被ったが鎌倉時代に再建、そして江戸時代に2度目の戦争の火災で焼失、再び1706年に再建され現在に至っている。現在の大仏殿の最外郭は正面57メートル、幅50メートル、高さ47メートルで、内部には23メートル×23メートル、高さ28メートルの無柱空間を木造軸組みにて構成する。この空間に大仏が鎮座する。

無柱空間は12本の直径1・2メートルの柱で取り囲まれている。この柱の構造が面白い（図3-4）。

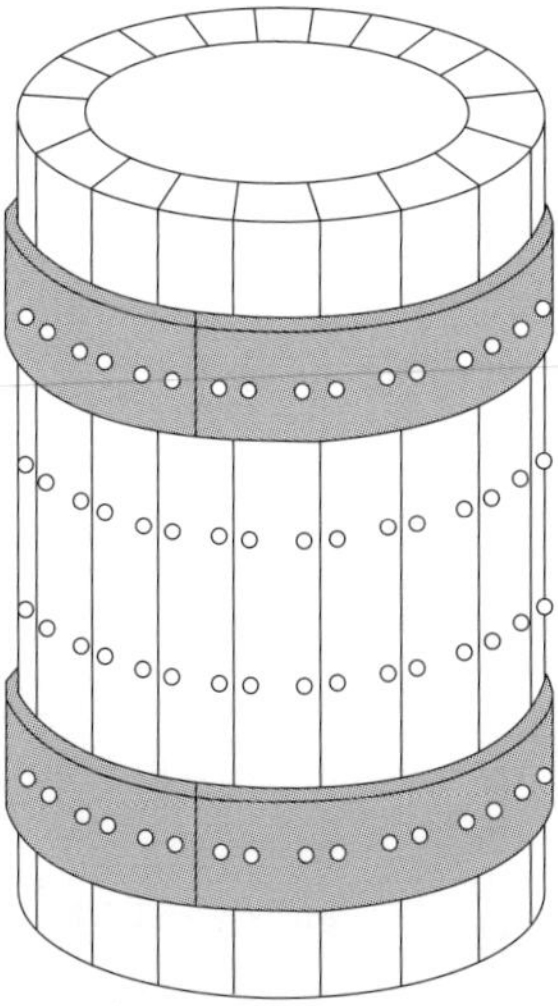

図3-4　東大寺大仏殿の柱の工法
直径1mの柱に板を16枚めぐらせ柱を太らせ、外側を鉄の帯で締めてある。

平安時代には直径1・2メートルの柱をとれる樹木でも入手可能であったが、天然林の伐採が進んだ江戸時代にはもはやこれだけの太さの柱は入手できなくなっていた。そこで、考え出されたのが、柱の周りを太らせることによって実質的に太い柱をつくることだった。中心にやや細い直径1メートルの木の柱を打ち立て、それを補強するように厚さ0・1メートルの板をにかわで貼り付けたうえに釘打ちし、そのまわりを鉄製のバンドで締め付けた。このようにして1本の柱ではなく、細い柱を補強して柱を太く成型した。直径が1・2倍であるなら断面積にして1・44倍となり、単純には1・44倍の重さの屋根に耐えるということになる。出雲大社の柱が主材3本と補助材を鉄のベルトでくくり付けただけの柱であったのに対し、東大寺大仏殿の柱は、にかわによる接着を使ったという点で、より現代の集成材に近づいたものといえる。

木材を積層する木の象嵌《ぞうがん》・寄木《よせぎ》細工

色の異なる木材を接着して模様をつくり木材を化粧することは古代エジプトの時代にすでに行われていた。この段階ではまだ現在の集成材とは似て非なるものだが、建築材と違い釘や金輪ではなく接着材を使う点が新しい。後の時代の集成材の発明へのヒントとなったはずで、まず前史として取り上げる価値がある。化粧の作り方としては象嵌と寄木の2つがあり、古代エジプトですでに両方とも技術が存在していた。「象嵌」とは母体となる木材の表面を掘り下げ、そこに色の異なる別種の木材または他の材料を隙間なく埋め込む技法である。「寄木」は、まず、色の異なる細長い木材を接着剤で貼り合わせ、適当な断面で切断すると色のパターンが現れる。しかるのちパターンが出た面を薄く剥ぎ、装飾したい対象に貼り付ける。このようにして木材に化粧をほどこす技法である。場合によっては、寄木のブロックとしても使われる。

象嵌は自由に描くことができるが、寄木はそうはいかない。基本的に寄木でつくることができるのは幾何学的な図形の繰り返しからなるパターンである。一例を挙げる。色の濃い板と薄

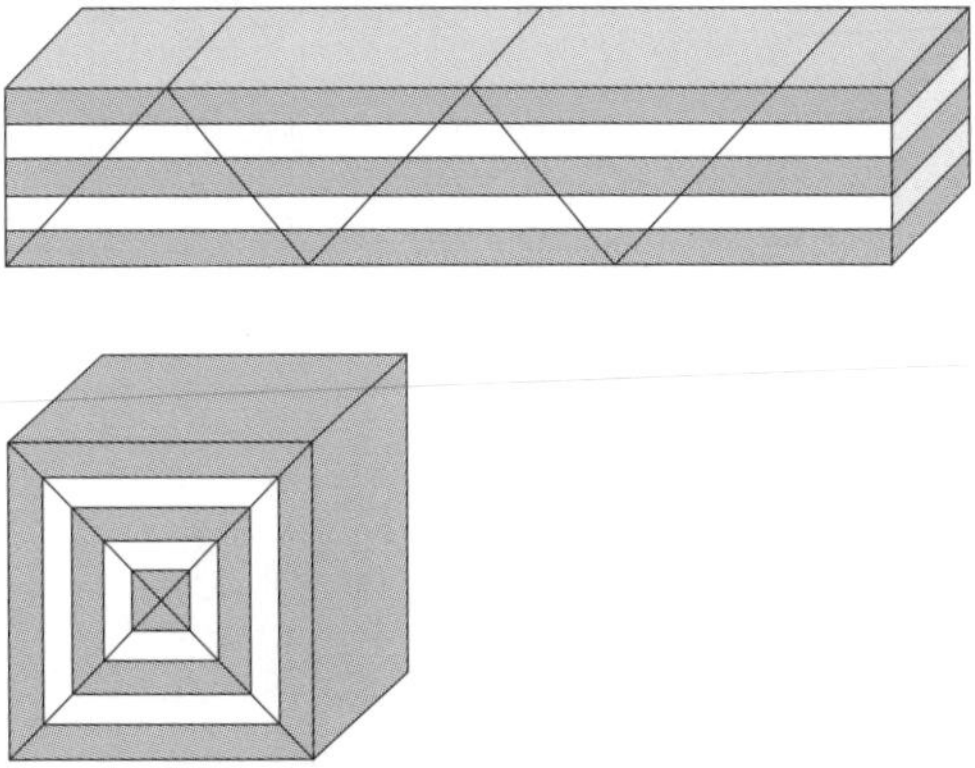

図3-5　寄木細工の制作方法
（上）異なる色の板を重ね直角二等辺三角形に切断する。
（下）4つのブロックの直角の頂点を合わせると升形模様ができる。

い板を数層にわたって重ねる。これを直角二等辺三角形（すなわち内角が90度と45度が2つ）に切断し、同じものを4個作成する。この4個を直角の頂点で合わせると隙間なく埋まって升の形をした模様ができ上がる（図3-5）。

わが国の箱根寄木細工も同じ系統の技法によるもので、小田原、箱根などでつくられ記録にある限り300年くらい前から始まったとされる。茶箪笥、屏風などの大物家具から土産品として有名な「秘密箱」（複雑な操作をしないと開かない箱）や玩具などを生産する。【農商務省編 1912】。

楽浪の漆器製造

紀元前100年ごろ、中国に大国を築いていた漢が、朝鮮まで侵入してこの地を支配し、いまの平壌市とその周辺に「楽浪郡」という行政区域を置いた。楽浪郡のあった平壌市周辺にはいまでも多数の遺跡が残っており生活用品を中心に陶磁器や木片などが多数出土する。さまざまな出土品のなかで漆器が技術の優秀さで群を抜いている。これを「楽浪漆器」という。漆器の素地は木材であるが、このなかで集成材と似たような発想でつくられたものがある。大きな盆を作るとき5センチぐらいの板を横に並べて鏡板とし盆としての大きさを確保する。ついで、周辺にあたる部分に厚い板を円形に貼り何らかの接着剤によって木片を固着し、接着剤が乾いた後、ろくろを使って円形に削ったようだ【松田 1964】。一枚板からつくるのに比べ、材料を利用し尽すことができ、かつ板の収縮による変形が少ないという利点もあったのだという。松田は接着剤については記述していないが、うるしは塗料でもあるとともに接着剤の機能も持つのでおそらくうるしが使われているのだろう。

平安時代の寄木仏像

仏像の制作方法はおおきく2種類あり、1本の木から削りだす「一木造《いちぼくづく》り」とあらかじめパーツを作って組み合わせる「寄木法《よせぎほう》」がある。このうち寄木法は木材の集成材につながる流れのなかにあるという点でここに取りあげる。

鎌倉時代には康慶《こうけい》・運慶《うんけい》父子や康慶の弟子で運慶と同門であった快慶《かいけい》などが活躍した時代で

ある。彼らは慶派と呼ばれる。慶派の仏師たちが寄木法によって巨大な木製仏像を制作した。東大寺南大門の金剛力士像2体は丈が8・5メートル、寄木法でつくられている。この時代になると直径が1メートルを超えるような巨木の入手が困難になってきたので、それほど大きくない木でパーツを作りそれらを組み合わせて結果的に巨大な木造の仏像を制作しようとした。木材を入手するコストが少なく大きな像の制作ができる。さらにこの手法は仏師の分業をも可能にし、結果、制作期間が短縮でき、また多数の仏像をつくることが可能になり布教の拡大に貢献した。すなわち、リーダーの仏師が全体を統括し、部下の仏師たちに仕事を分担させ作業を同時進行させる。できあがったら各パーツをくみ上げればよい。先の金剛力士像はわずか2カ月と10日で完成したという【白井 1978】。これは現代のプロジェクトマネジメントの手法と同じことである。集成工法は仏像制作におけるマネジメントの革新をもたらしたのである。

英国キングズクロス駅の木製アーチ

木造の巨大建築は家畜小屋に始まり、教会や集会場などの柱のない広い空間の建築に進んだ。木材の長さはあまり長いものは存在しない。次に示す32メートルもの長尺の木材を得るには短い木材をつないで長尺を得るしかない。ここに木材を集成する技術が要請された。

一番簡単な集成技術は釘とボルトで木材を積層することだ。このような工法で最初のものは、19世紀初め、フランス陸軍将校のエミーという人が木の板を彎曲させて複数枚重ねた半円アーチの天井を造ったものとされている。平坦な板を曲げて重ねることで、一つには、大木を削り出す場合の材料のロスを大幅に減らすことができ、さらには、板と板の間は大きな面積で接触しているので、荷重は摩擦力を介して伝達され応力を地面まで伝達できるとされた【ミュラー 1998】。

集成工法の誕生により、木材を使った巨大な空間を建造することができるようになり、木造の駅舎様式を誕生させた。

キングズクロス駅はロンドンにありイングランド北部・東部、スコットランド方面の列車の南のターミナル駅である。ここに木造・集成工法のトレイン・シェッドがあった。1852年に完成。小説ハリー・ポッターに、ホグワーツ魔法学校行き列車の始発駅として登場したので名前をご存知の方も多いだろう。一般に駅の建物はプラットホーム、本屋《ほんや》（建築用語で母屋のこと）、トレイン・シェッドなどで構成されるが、このうち集成材という視点で興味があるのがトレイン・シェッドである。「トレイン・シェッド」（train shed）とは列車の格納庫といった意味であるが、実質的にはプラットホームを覆う巨大な天井である。わが国の駅舎はみな小さなかまぼこ型屋根といった風情で、イギリスのような大型トレイン・シェッドは見ない。巨大な天井は2次元のアーチ（奥行き方向は直線、すなわち、かまぼこ型）または3次元の半球状アーチに構成されるのが普通だ。アーチの良いところは、荷重を支点までの途中部分では圧縮力だけを受ける。支点だけ厳重に支えればよい。すなわち素材に対して掛かる力は単純な圧縮だけであり、ねじられることが少ない。だから素材に破壊が起きにくい。このような性質があるからアーチ構造では小さい断面積でより長く梁を伸ばすことができるのだ。このようにしてキングズクロス駅ではスパン（すなわち支えと支えの間の長さ）が32メートルのアーチを2つ、中央の柱で支えて巨大な空間を作り出した（図3-6）。

キングズクロス駅の木造アーチはその後火災で焼失した。鉄のアーチに造り替えられ現在に至っている。

このようなアーチは最初は木材で作られたのである。やがては木材から鉄に移行して巨大な空間をもつトレイン・シェッドの時代が到来しヨーロッパの駅風景を一変するのであるが、初期のうちは加工がしやすく軽量だという理由で木材が選ばれた。現に鉄の比重は7・8、他方木材の方は樹種によって異なるが、キリが0・3、マツが0・5、ケヤキが0・7といった具合でほとんどが水より軽いのである。軽いばかりではだめで長尺にするには硬さも必要だ。そうでないと自らの重さで曲がってしまう。キリは軽いが木材のなかでも軟らかい方なので、和ダンスには使われてきたが長尺のアーチは難しい。アーチのような構造材はナラやカシのよう

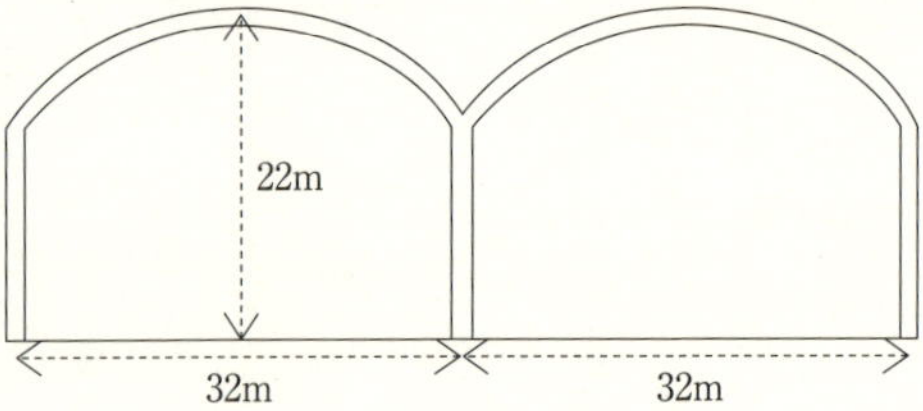

図 3-6　キングズクロス駅

建設された 1853 年当時の外観。駅シェッドのアーチの正面側側面と屋根の一部が描かれている。内部を描いた絵は存在しないようだが、断面は上記のようなものだった。

な硬い木材が適している。概して広葉樹の方が硬い。

アーチ構造は力学的に強い

古代の遺跡を見るとギリシャの遺跡は柱しか残っていないのに、ローマの遺跡は多数現存し、なかにはいまでもほとんど無傷といってよいものもあるという。ギリシャとローマとの際立った特徴の差異は、曲線を配した様式の有無である。ギリシャ建築のもっとも有力な様式は柱を建て、梁を渡し、そのうえに屋根を乗せるというもので、基本的には直線で構成されている。柱の間に渡した梁には屋根の荷重が掛かって当然たわんでくるはずである。屋根も重い石材で造られている。永い年月を経ると、徐々にひびが入った屋根や梁が荷重に耐えられなくなり、やがては折れて落下する。こうして柱だけの遺跡が残る。他方で、ローマの遺跡のなかで現在ほとんど無傷で残っているものは曲線をもつアーチ構造をもっている。この構造は力学的に強いので永い歳月でもびくともしなかったのだといわれる【板倉 2004】。このようなローマ遺跡の例を挙げよう。フランスのプロバンス地方は、地中海に面しイタリアに近い地域で紀元前1世紀にはローマ帝国の版図に入っていた。ポン・デュ・ガール（ガール地方の橋という意味）は紀元前1世紀に建設された水道橋で、50キロメートル離れた水源からローマ帝国の植民市だったニームに水道を引くための施設だった。長さ275メートル、高さ49メートルの堂々たる3層の石造りアーチ構造橋で最上階に水を流した。1985年、世界遺産に登録された。さらに、ポン・デュ・ガールから程近いアルルもまたローマ帝国の植民市であり、そこには西暦90年ごろ建造された円形闘技場が残っている。周囲は2層のアーチ構造で囲まれており、現在までその堅牢さを維持している。こちらは1981年に世界遺産に登録されている。画家ゴッホも、南の太陽に憧れてアルルに住んでいた1888年、この円形闘技場で開催された闘牛を何度か見に来ており、闘牛に興じる見物客のようすを「アルルの闘牛場」に描いた。築1800年を経た闘牛場が本来の機能そのままに使用に耐えていたわけである。

このようにアーチ構造は堅牢なようだ。次の節で、集成材でもこの考えが使われることがわかるであろう。

すでに簡単に触れたが、こんどは力学を使ってこの強さの理由を説明してみよう。水平の梁に荷重が掛かると梁は変形する。変形が材料の柔軟性や破壊強度の上限を超えると素材は破壊される。一方、アーチの場合の力の掛かりぐあいを図3-7に示す。アーチには下向きの力がどの位置にもかかっている。その内訳は建材自身の重量および、橋などでは橋を渡る人の体重なども含まれる。

さて、力はベクトル量（大きさと方向を持った量）である。平行四辺形の対角線のベクトルCは2つの辺のベクトルAとベクトルBの和であるから、逆にCはAとBに分解できるわけだ。Cという力が存在しているとき、Cは存在せずAとBが存在していると考えてもよいのである。それだけのことなので、好きな方向に分解して考えることができる。

したがって、この下向きの力はアーチの曲線に沿った2つの力に分解して考えることができる。図3-7にあるようにレンガにかかる自重およびその上に積んだレンガの重量の和のベクトルは左右の2つの力のベクトルに分解され、その力は隣のレンガに伝わる。隣のレンガでは自分の重量を同じように次へ伝えるとともに、先ほどの伝わってきた力も合わせて次へ伝えるのである。こうしてアーチの上から始まって下にいくにつれ力が加算されて大きくなり、地面のところまで行くとアーチの全重量が地面にかかってくるのである。このようにして、アーチ構造ではアーチに沿って力が伝わる。圧縮力だけが関与するので強い構造なのである。柱と梁による垂直・水平を基本とする構造では梁が重量で変形し、そして変形量が破壊限界を超えるとついに壊れてしまうのである。

もちろんアーチでも限界はある。アーチの形によっては力を効果的に下のレンガに伝えることはできないし、レンガの破壊限界を超えた力が加わるとレンガそのものが壊れてしまいアーチ構造は崩壊する。図3-7ではアーチを円形に描いてみたが、これでも良いほうであろう。最も効果的なアーチは「逆懸垂曲線」といって鎖の両端を支えたとき自然に垂れ下がる形を逆さにしたものである。この場合、張力だけが存在する。

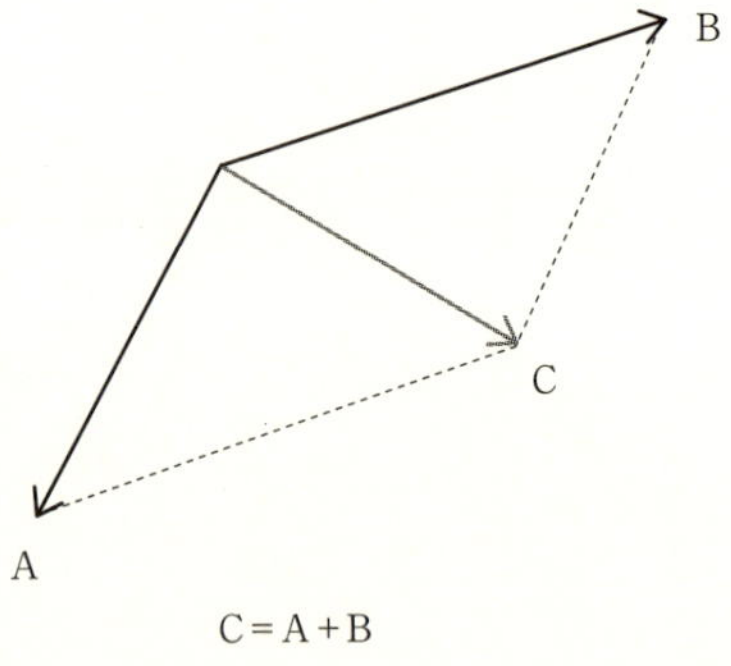
B
C
A
C＝A＋B

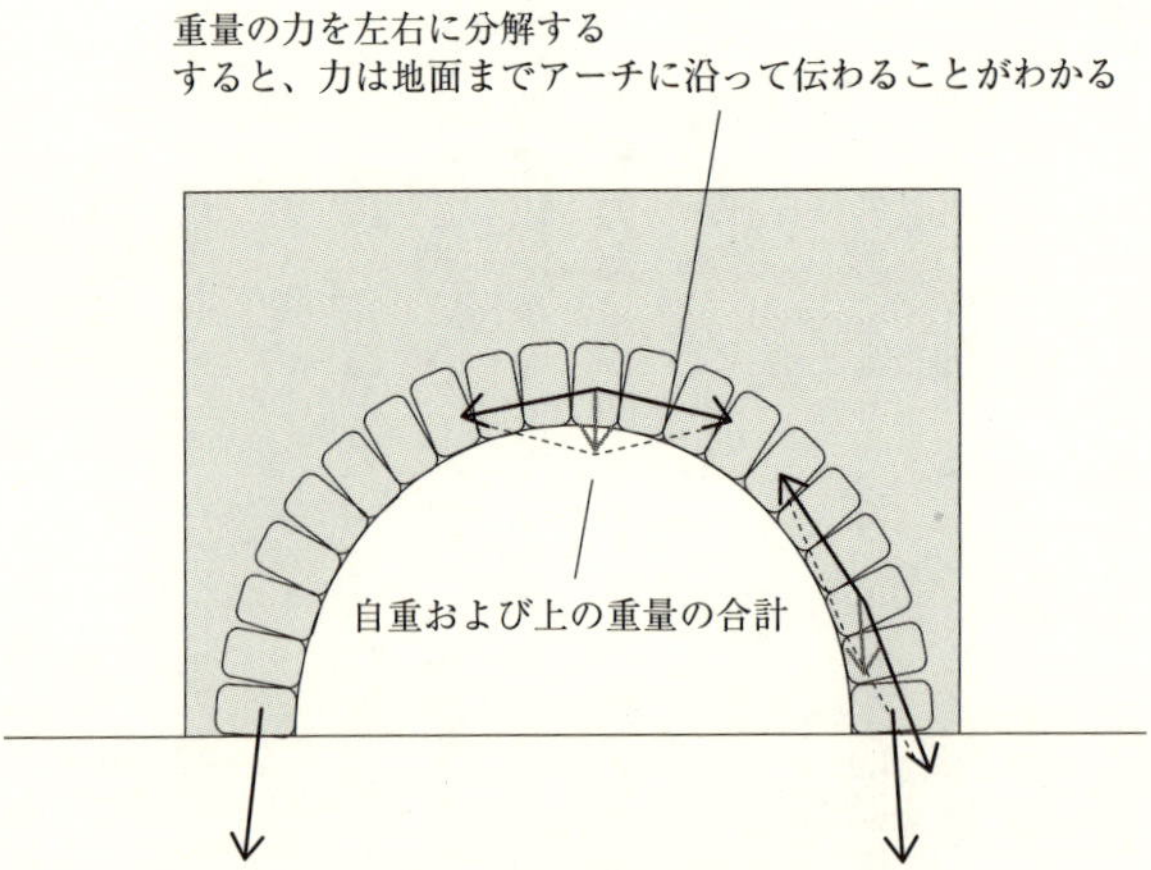
重量の力を左右に分解する
すると、力は地面までアーチに沿って伝わることがわかる
自重および上の重量の合計

図 3-7　アーチの力学
アーチの曲線を構成するレンガにはそれ自身の重量と上に乗っている重量の合計がかかっている（この力はベクトルであり灰色の矢印で示す）。次に、この力をアーチの方向に沿った2つの力に分解しよう（黒の矢印）。重量の力はほとんどアーチの曲線に沿った力だけで表すことができ、次のレンガに伝わる。こうして地表まで伝わっていく。

集成材の特許

すでに見たように集成材の歴史はかなり古いものであるから、単に接着剤やボルトで木材を貼り合わせたぐらいでは、近代特許制度が確立した19世紀には、もはや最初の発明者として特許をもらえる時代ではない。何か新しいことを付け加えないといけないわけだ。1865年、米国メイン州在住のジョン・K・メイヨウという人は、2枚以上の単板（ベニア）をその繊維方向（木材が樹木だったとき、樹高の成長方向に木材の繊維がつくられるので、繊維の方向は樹木の高さ方向に一致する。）を直角に重ねて接着剤で固定し一体とした合板を発明した【メイヨウ 1865】。木材を接着材で結合した特許としては最初のものでないだろうか。

ここでちょっと横道にそれる。メイヨウが材料として使った「ベニア」という用語だが、本来、単板のことで、木材科学の本を見ると、丸太をかつら剥き（表面から帯状に剥いだもの）にした単板を言うらしい。それに対してノコギリで挽いたものを挽材という。単板の繊維を直行させせて重ねるのを合板、繊維方向を同一に重ねるのをLVL、挽材を重ねるのを集成材というう。どこで間違ったのか、あるいは表面に単板（ベニア）が見えているからであろうか、合板のことを「ベニア」と呼ぶことも多い。日常の日本語としては定着してしまっている。「ベニア」の持つニュアンスとして挽材に比べて安っぽい感じがあるが、湿気が多いところで使っていると接着剤が木材の変形に耐えられなくて剥がれてしまい劣化しやすいことが原因であろう。ここではメイヨウの発明は「合板」と呼ぶことにする。

メイヨウの特許明細書に戻ろう。権利範囲は、木目を直角またはさまざまな方向に重ねたものである。彼は実施例としてチューブ、屋根、桶（の底）の3つを図示しているが（図3-8）、そのほかに実にさまざまな応用範囲があるとして文面にて住宅、船舶、タンク、床、パイプ、排水溝、梱包材、箱、樽、歩道、缶、桶、風呂桶、バター桶、ものさし、チーズ箱、旅行かばん、手提げかばんなど延々と並べ立てる。木目を直交させて重ね合わせたあらゆる新木材は建築材、船舶材、道路用材から日用品まで全部メイヨウの特許範囲にある。本書はここで列記するのを止めたが特許明細書ではこの数倍の数の応用を書いている。接着剤は何を使用したのか明記されてないので、その当時知られていたものを使ったのであろう。接着剤は特許の範囲外のことなのである。釘やボルトで締めたものではないことだけは確かである。図を見ると薄い板だけが示されていることから考えて、メイヨウの発明は後に巨大アーチに使用する厚い板を想定してないようだ。このことと、繊維を直角に重ねるという特徴の2つを考慮すると、やはり現在の合板の最初の発明であって、集成材の発明ではなかったと考えるべきだろう。そのようなわけで合板とした。

寄木細工は古い時代に出現したが、寄木細工と似た発想の発明でも19世紀には床用タイルと

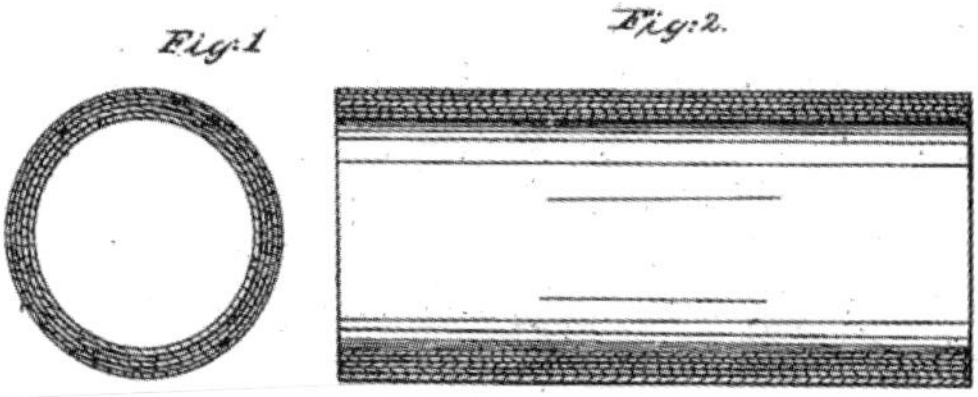

図3-8　ジョン・K・メイヨウ　米国特許第51735号（1865年）
メイヨウは木材を接着剤で集成して作成してさまざまなものを対象とする特許を取得した。図はそのうち木製チューブの垂直断面と平行断面を示す。

いうことで特許が与えられた【フェン　1875】。米国ニューヨーク州ロチェスター市のロバート・フェンは、色の異なるムク材を接着剤によって接着し乾燥した後、断面を切り出すことによって木製の床用タイルを製造した（図3-9）。切断した断面に模様が現れる。ここではムク材であることが特徴である。同じパターンのタイルを多数作ることができるので、床全体を同一模様のタイルで覆うことができる。焼き物のタイルの代替であるが、木の床の楽しみ方としてひとつの選択になるのであろう。

一般に、最初の集成材の発明といわれているのは1906年、スイスなどの特許庁がドイツ・ワイマール市在住のオットー・ヘッツァーに与えた特許【ヘッツァー　1906a】を指す。ヘッツァーはワイマールで製材所を経営していた人で、彼の事業の最盛期には300人を雇用していたという。ヘッツァーの特許は次のようなものだ（図3-10）。

角材（a）を用意する。これをFig.1に点線で示すように長

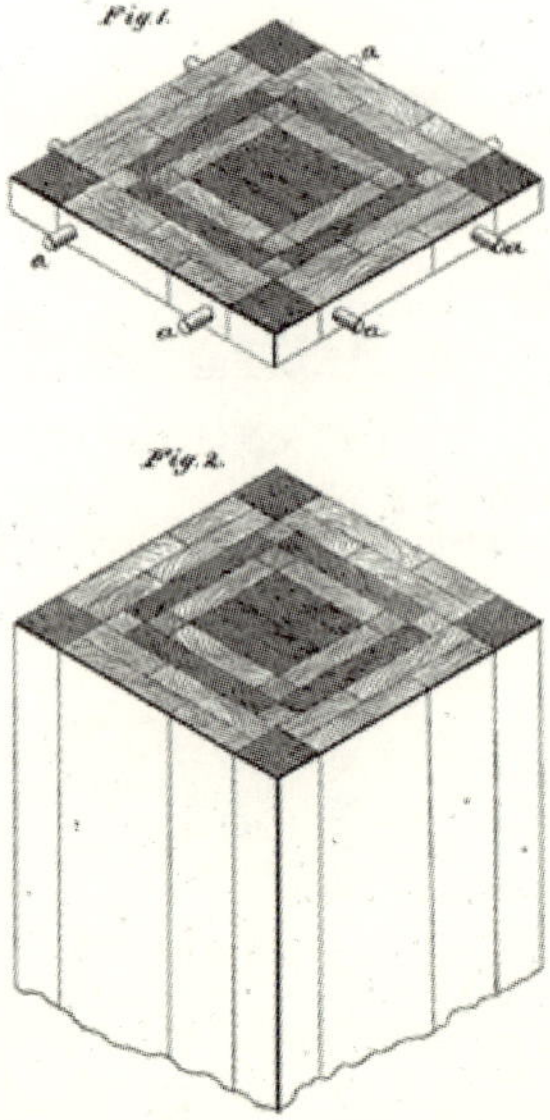

図 3-9　ロバート・フェン　米国特許第 162046 号（1875 年）

色の異なるムク材を接着し断面に模様を出し、適当な厚さに切断して木製タイルとする。寄木の手法とまったく同じである。タイルだから特許を取得できたのだろうか。

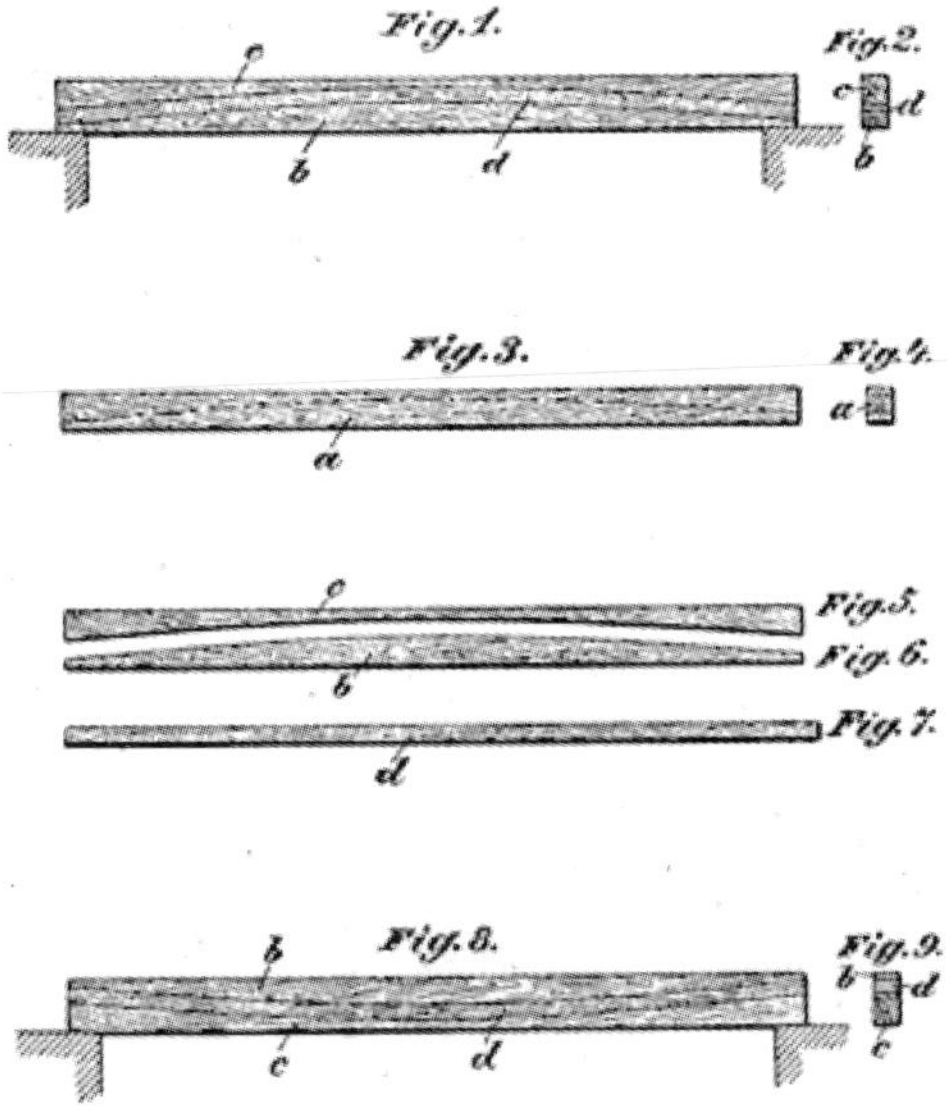

図3-10　オットー・ヘッツァー　スイス特許第33871号ほか（1906年）

Fig.3のようにaの材を曲線にそって切断し（b）および（c）とする。Fig.7の（d）のようなやや長い板を（b）と（c）の間に入れ、Fig.1のように接合する。（d）は曲げられるので長さが（b）（c）に近くなる。強度の大きい集成材の誕生である。

さ方向に曲線を描くように切断する。また、断面から見るとFig.2のとおり直線、すなわち曲がった板として切り出す。切断すると1枚は凸の、他は凹の曲面をもった2枚の板（b）およびび（c）ができる。次に同じぐらいの幅でやや長い板（d）を用意する。板（d）は同じ樹種でも良いし、異なっていても良い。面に適当な接着剤を塗って（d）を（b）と（c）の間に挟み、接着剤が固まるまで上下から圧力を加えておくとFig.6のように一体になった新しい木材が生まれる。木材を近代工業で使いこなすエンジニアード・ウッドの誕生だ。

ヘッツァーはスイスを含めて少なくとも3カ国から特許を与えられた。特許明細書はなぜか国ごとに少し違えた内容になっている。権利範囲ではスイス特許では単に曲面を切り出すのに対し、ドイツ特許では放物面に特定した権利を得ている。権利範囲は広いほうが良いに決まっているので、あえて放物面に特定したことは何か意味があったのかもしれない。逆懸垂線という鎖の両端を持って自由に垂らしたときの形がもっとも応力を逃がしやすいといったが、逆懸垂線が放物線に似ているからかもしれない。権利範囲とは関係ない詳細説明の部分においても、スイス特許では接着剤を水溶性接着剤としているが、ドイツ特許では単に接着剤としているとか、スイス特許では上向きに凸とした方が下向きに凸とするよりも強度が優れ、またムク（挽いただけ）の木材よりも集成材の方が同じ断面積なら強度が優れているという強度試験の結果も公表しているといった違いが見られる。強度試験の結果といっても具体的な数値で示さ

れてはいないが、強度の大きい方から、

上向きに凸とした集成材 ＞ 下向きに凸とした集成材 ＞ 同一の太さのムク材

の順序になることが記載されている。上向きに凸であることはアーチ構造に近いので強度が大きくなるだろうことは想像できよう。上向きに凸はもちろんのこと、下向きに凸であってもムク材よりも強いのだという。その理由は、集成材の乾燥では木材を薄い材の状態で乾燥することができるので、同じ断面積の木材をそのまま乾燥するのに比べて完璧な乾燥を達成でき、そのことが材の寸法の変化・くるいやヒビ発生を軽減していること、また、接着剤が木材の細胞レベルの空隙に入り込みちょうどくいを打ち込んだのと似たような構造をつくっていることが挙げられる。

さらにヘッツァーの2つ目の特許に注目しよう【ヘッツァー 1906b】。こちらは屋根などを支える骨組み材の特許である（図3-11）。集成材を構成して建築の構造材に使おうという特許だ。もっと詳しくいうと、屋根の骨組み材であって、複数の木材の層からなり、長さ方向を木材の繊維方向にとり、耐湿性の高い接着剤を使用し圧力によって木材を結合し、かつ永久的に曲がりをつけたものであるとしている。さきほど説明した駅のトレイン・シェッドに使うものだ。ヘッツァーは、複数の板を繊維方向を直交させて貼り合わせたいわゆる合板が先行技術であることを認識しており、違いを強調しなければならなかった。ヘッツァーはこの特許を認めさせるさい先行技術との差異を明確にするため、繊維方向を長さ方向にそろえたことを強調したのである。

では、繊維方向をそろえるとどういうことになるのであろうか。木材は成長方向（すなわち木材として切り出したときは長さ方向のこと）に長い繊維で構成されている。つまり、成長方向に筋が入ったような構造になっている。例えて言えば、繊維は筋肉の筋、あるいは鉄筋コンクリートの鉄筋の役割を果たす。木材は長さ方向に筋が入っているから長さ方向には丈夫なのだ。だから、伸ばしたり圧縮したりしても強度が強いのである。逆に繊維の束を離す方向には弱く、ひびが入ったり折れたりすることがある（図3-12）。これは繊維と繊維の間にすきまができて離れてしまうからだ。木材を折り曲げる（木材は水をたっぷり吸わせて80℃以上に暖めると軟らかくなるので曲げることができる）にも繊維を束ねたまま折った方が都合が良いということだ。

ここで、さきほどのアーチの説明を思い出して欲しい。アーチは鉛直方向の荷重（アーチ材そのものの重さと上に乗っている屋根の重さの和）が長さ方向の圧縮力だけで床の支点まで伝えられる構造であった（前掲図3-7）。長さ方向の圧縮力だけに耐えればよいのであれば、アーチに木材を使うのは何と木材に適したことか。木材の均一でない（強度や硬さなどの性質

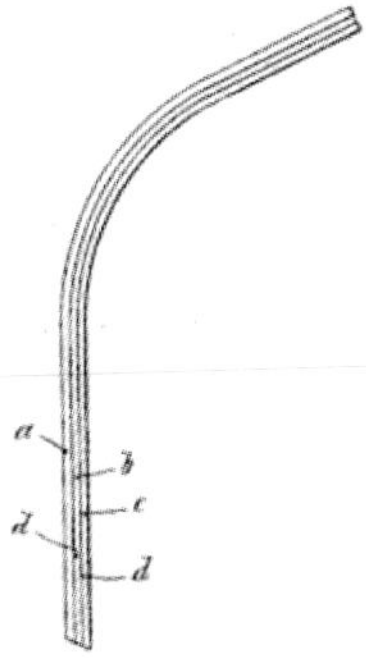

図 3-11　オットー・ヘッツァー　スイス特許第 40409 号（1906 年）

建築の骨組み材の特許。長さ方向が繊維方向になるよう集成することを特徴とする。木材は加熱で曲げることができる。

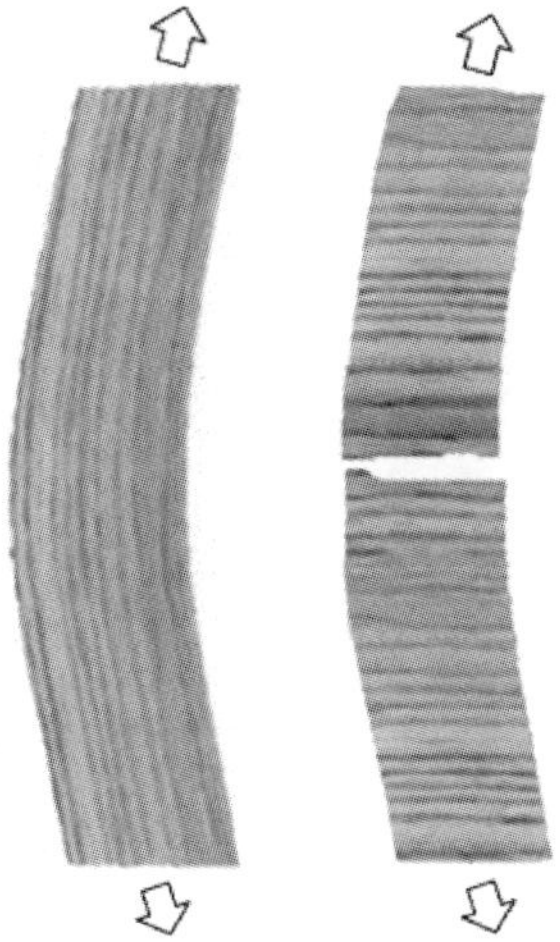

図 3-12　木材の強度と繊維の向き

木材の強度は繊維の向きによって異なる。強度を確保するには繊維に平行なものを使う。

が、長さ方向と断面方向で異なる）特質を逆手に取って木材を活かした工法でなのある。そして、【ヘッツァー 1906a】のように曲線で切り出したアーチよりも【ヘッツァー 1906b】のようにまっすぐな木材を曲げて曲面にした木材はアーチの曲がりに沿って繊維も曲げられているので強度はさらに改善されているのである。ここに集成材が巨大建築の構造材として利用される基礎が築かれたといえる。

鉄全盛を経ていま再び木材へ

英国キングズクロス駅舎のところで木造のトレイン・シェッドを紹介した。このような木製トレイン・シェッドはやがて影を潜め、鉄製がメインとなっていった。この背景には19世紀にはヨーロッパで製鉄における技術革新が進み安価にかつ大量に鉄鋼を生産できるようになったことがあげられる。鉄は木材とは違い長いものを作ることは容易である。木材にも縦継ぎする技術はあるが、頑丈につくるためには良い接着剤が必要だ。レゾルシノールなど良い接着剤の開発を待たなければならなかった。それに比べると鉄で長尺を作るほうが圧倒的に楽だったはずである。鉄が木材より安価で長尺で強度があるとなれば、トレイン・シェッドの空間をできるだけ大きくしたいという欲求を充たすため、鉄材の採用に走るのはあたりまえだった。

これが最近は変わってきた。この後述べるように接着剤の技術革新が進んで、木材でも鉄と同等の強度、耐久性を出せるようになったことがある。しかしそれ以上に、文化的・生活様式的な意味が強いかもしれない。鉄はどこか硬さ、冷たさ、機械的という感触が伴う。それに対し木材は柔らかさ、温もり、人間的な感覚がある。鉄に囲まれていると疲れる。逆に、木材に囲まれている方が落ち着けて、なつかしい感じがする。このような意識の変化が木造建築を後押しするようになった。

わが国の本格的な木造巨大建築としては1992年の「出雲ドーム」(島根県出雲市)が最初のものだという。スパン(直径)140メートル、高さ48メートルで高さは世界一だった。木造といっても主要な骨組みが木の集成材ということで、骨組みのアーチは米国オレゴン州から運んだベイマツ集成材で構成し、鋼鉄のケーブルやロッドで集成材をつないだ。屋根はテフロン膜で、蛇の目傘の骨と布のようなイメージだという。出雲地方では「弁当忘れても傘忘れるな」といわれるぐらい雨が多いことから傘をイメージした。出雲らしい命名なのである。

【播 1992】

続いて1993年には「やまびこドーム」(長野県松本市)が完成、こちらは木材の調達を国産化し信州産カラマツの集成材で造られている。1997年には「大館樹海ドーム」(秋田県大館市)が完成し高さは52メートルに伸びた。秋田県は天然林の日本三大美林のひとつ「秋田スギ」の産地であることから、スギの集成材を使った。2004年には「木の花ドーム」

（宮崎県宮崎市）が完成、こちらもスギの集成材である。スギは、わが国では第2次世界大戦後の木材需要拡大のさい大量に造林された人工林がそろそろ伐採できる時期になった。スギの利用拡大のためのアピール効果もある。

建築材に使う木材としてベイマツ、カラマツ、スギというように変化してきている。この変化は、外国材より国産材を使いたいというわが国の林業振興を目指す動きとともに、高密度で硬く建築材料として定評のあったマツ類から、低密度で強度に劣るわが国のスギを使いこなす技術進歩があり、これに並んで米国技術をベースとした建築からわが国独自の技術による建築への変化と捉えるべきものである【鈴木 2005】。

古典的な接着剤

集成材において接着剤の役割はきわめて大きい。そこで次に木材の接着を中心に接着剤の話をしよう。

人類の歴史は、さまざまな物質にモノとモノを接着する機能があることを明らかにしてきた。ここで接着剤を【作野 2010】の「主成分による分類」に従って分類しよう（図3-13を参照）。接着剤を原材料の面から分けると、まず有機系と無機系に分類でき、有機系のなかで動物や植物に由来するものが、たとえばガゼイン、血液、にかわ、などである。19世紀に化学

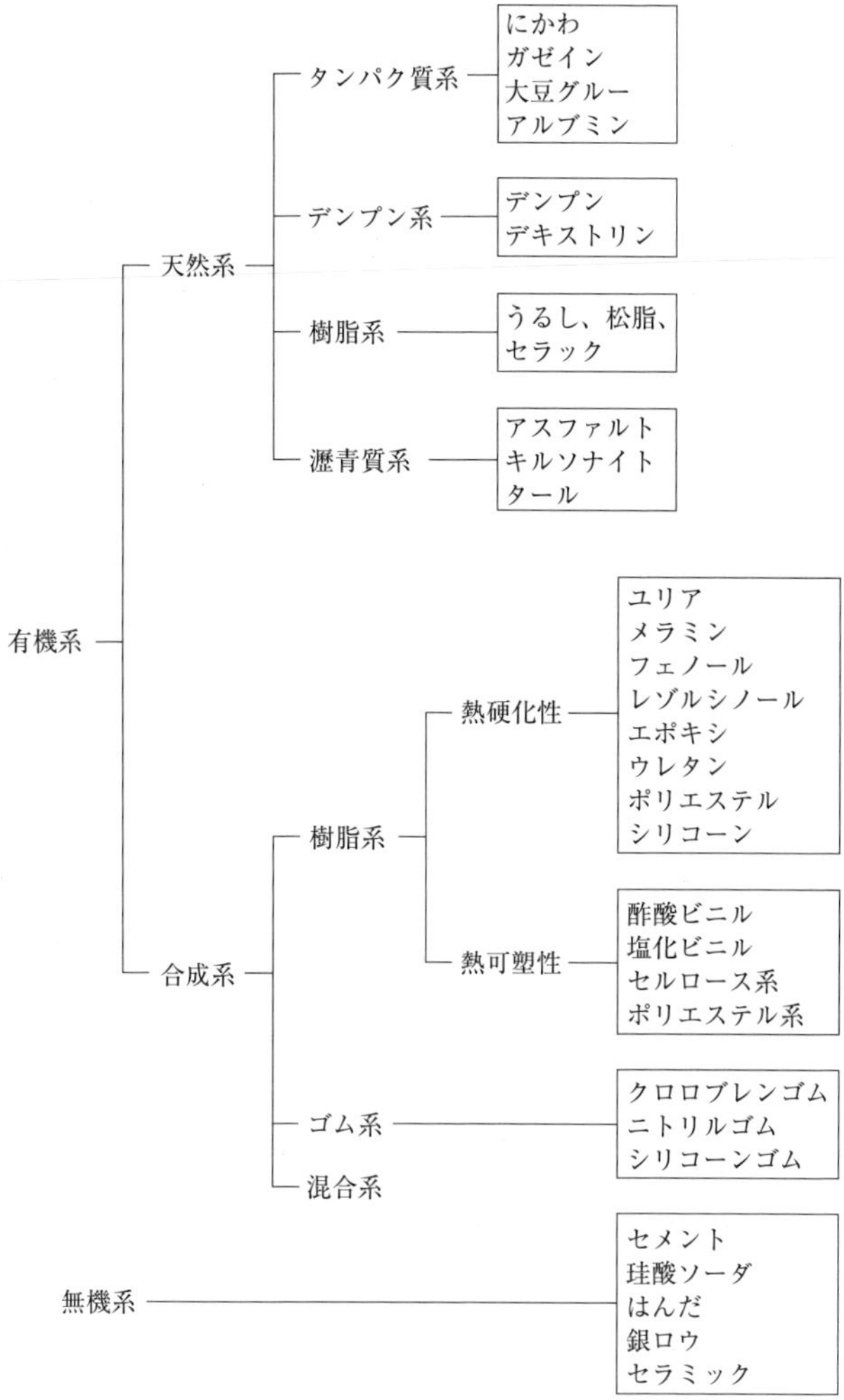

図 3-13　接着剤の主成分による分類
【作野 2010】に従った分類法による。

工業が発達してからは有機系接着剤の範囲に属するいろいろな化合物が合成された。総称して合成樹脂や合成ゴムといわれる化合物がこの範疇に入るものである。このなかで木材の接着に使われる主なものは尿素樹脂、フェノール樹脂、レゾルシノール樹脂、水性高分子イソシアネート系樹脂、などである。無機系の接着剤というのも存在する。セメントやしっくい、はんだが有名な例であるが、木材に使うものではない。

まず、ガゼインについて。これは早くも人類の古代史に登場する。もちろん、誰がいつ開発したのかまったくわからない。古代エジプト人はガゼインが接着剤であることを知っていたようだ。ガゼインは牛乳たんぱくの主成分である。牛乳に酸やアルカリ（混ぜる薬剤としてはアルカリ性の石灰がよく使われた）を加えると沈殿し、沈殿物が接着剤として使えることが知られていた。1800年ごろには、スイスやドイツで糊として販売されていたという。合成系の接着剤が登場するまで広く使われたばかりでなく、実は現在でも一定の需要がある【Irving Skeist 1993】。このようにガゼインは人類史上最もなじみの深い接着剤のひとつといえよう。

にかわも古くから私たちのまわりに存在する。東大寺大仏殿の柱や象嵌・寄木細工でもにかわが接着に使われていたことは述べたが、絵の具のなかにも入っていて色素を固定する働きをしたり、日本画では絵の具を重ね塗りするとき、にかわの薄膜をかけて混ざらないようにするといった使い方もある。にかわもガゼインと同じように動物由来である。にかわをつくるのは比較的簡単である。動物の生皮や骨を水を満たした鍋に入れ、ゆっくり時間をかけて煮詰めていけばゼラチンが水のなかに抽出されてくる。その後、水の温度を上昇させ水分を飛ばすとゼラチンが濃縮される。ゼラチンを手で触ってねばねばするようなら、にかわが出来上がったわけである。要するに、にかわもゼラチンも実態は同じもので、不純物の多いものをにかわ、精製された方をゼラチンとよぶ。ゼラチンやにかわの主成分は、軟骨や生皮から溶け出したコラーゲンとよぶたんぱく質であり、元々ヒトや動物に大量に含まれているものである。現在ではゼラチンはさまざまな用途を持つ物質で、それ自体が食用（ゼリー、グミ、にこごり、など）や薬品になるほか、サプリメント（美容や健康に良いと信じられているから）、薬品を包むカプセル材、写真用フィルムなどに広く使われている。

このほか、血液も古くから接着作用を知られている。20世紀初頭の飛行機生産では、木材も使われたが、このとき血液糊がよく使われた。最近では、形を変えて血液製剤が手術のさいの接合や止血に利用され、肝炎の感染が問題になったことは記憶に新しい。

植物由来の接着剤もたくさん知られている。でん粉はわが国で古くから障子やふすまの製作で和紙を接着するとき使われた。弥生時代から存在し、そのころは米を原料にして作られていたようだ。現在では米はあまり使われず小麦粉を原料とするものが普通である。

うるしも接着剤になることは述べた。ウルシ科の植物の仲間で名前もずばり「ウルシノキ」というのがある。わが国や中国・朝鮮で広く栽培された。ウルシノキの樹皮に傷をつけるとうるしの生の液（生《き》うるし）がにじみ出てくる。生うるしは主としてウルシオールと命名された化学物質からできており、わが国の化学者真島利行《まじまとしゆき》（１８７４〜１９６２年、東北帝国大学教授などを務め、後の大阪帝国大学総長）が１９１７年ごろ化学構造式を決定した。うるしはいったん硬化すると化学的にきわめて安定で、熱や酸などにもびくともしない。木の椀の塗装に用いられ、熱湯を何回注いでも平気である。王水という金をも溶かす酸（濃硝酸と濃塩酸の１対３溶液）にも変化しない。博物館などで古い陶磁器に施された金色の補修を見ることがある。これは「金継ぎ」といい、割れた部分に接着剤をつけて元通りにする工程であるが、このときの接着にはうるしが用いられる。金色に見えるのは漆を乾燥させた後、もう一度接着用のうるしを塗って、その上から金粉をまくからである。これでもう何をしても金が剥がれてくることはない。

そもそも接着とは何か

さて古典的な接着剤をいくつか紹介したので、次に現代の化学的知識から観察すると接着とはどのような現象なのか考えてみよう。古典的な接着剤を眺めているといくつか共通の特徴に気付くであろう。①塗ることができるよう、初めはそれ自体が液体か、加熱すると液体になるか、あるいは液体に溶けるものであること。②被着物に塗ったとき、はじかれず良く塗れること。すなわち被着物の表面に乗せると薄く広がっていく状態になること。③接着剤は塗布面に留まること。④乾燥させると固まること。以上4つである。接着剤の性質とともに、接着相手との相性の問題を考えることになる。接着剤探しはこの4つの条件をすべて充たす材料を探求することに尽きる。被着体が違うとベストの接着剤も違ってくることになる。

接着の界面のようすは接着の強度に大いに関係するだろう。メカニズムはいくつか考えられる。

まず、①機械的接着。被着体の表面に細かなおうとつがあると、そこに接着剤が入り込んで固まると引っ張ってもぬけにくくなるはずである（図3-14）。アンカーボルトと同じで、奥の方で広がっていると特に接着の効果が大きい。だから、これをアンカー効果といったりする。木材の表面には肉眼でも見える導管（樹木の幹に沿って存在する。水を吸い上げたり光合成した養分を葉からおろす管のようなもの）がある。さらに肉眼では見えない細胞レベルの孔もある。木材はかつて立木の時代があって、細胞が生きていた。立木として地面に植わっているときでも中心部では細胞の内容物は失われ、その結果、細胞内に空隙が生まれる。残った細胞膜はセルロースやリグニンという高分子（ブドウ糖を基本単位とする高分子）が残留し木材

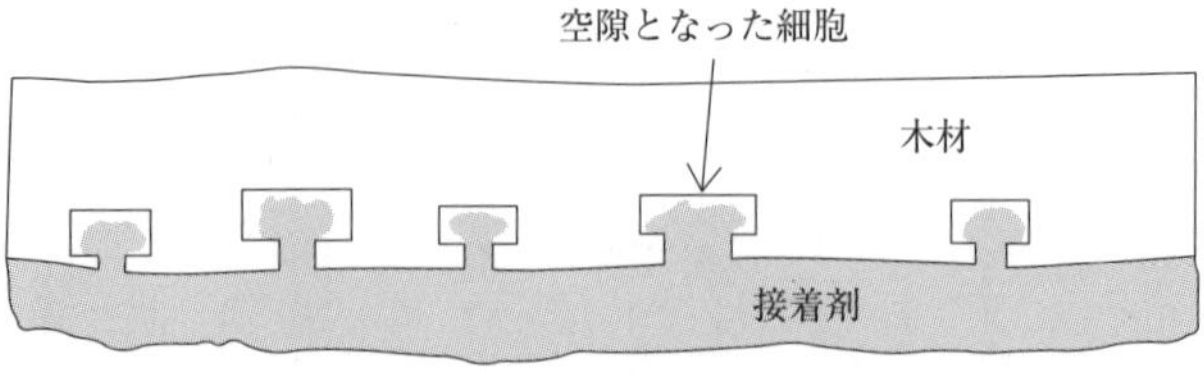

図 3-14　機械的接着のイメージ
接着剤が木材表面の空隙に入り込み、アンカーボルトを打ち込んだ状態になっていると推定される。

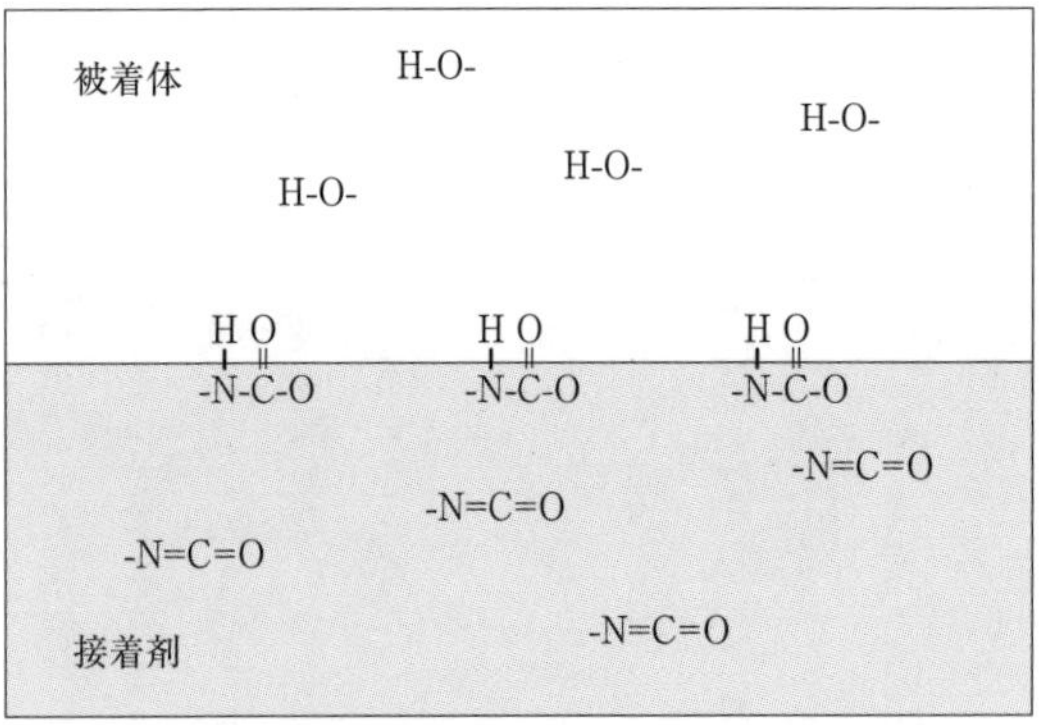

図 3-15　化学的接着の一例
接着剤と被着体の界面で化合物が形成される。

の主要部をなす。簡単に言うと木材は孔だらけのセルロース、リグニンの構造体なのだ。木材の表面にはアンカーボルトの形成に適した孔がたくさんある。したがって、木材に接着剤を塗って、固まるまで押えておく。押えた力で接着剤が木材の空隙に入り込む。固まると、しっかりと釘を打ち込んだのと同じ状態になる。木材の接着ではかなり重要な接着メカニズムと考えられている。ただ、接着剤が流れて表面に留まってくれないほど孔だらけだと逆に接着効果は弱いだろう。たとえば、木材でいうと「木口《きぐち》」を接着しようとするときではこの問題が起こる。木口とは樹木を断面で切断した面のことで、先程の導管の断面が丸く見えている。この状態はストローの口が開いているようなもので、そこに接着剤を流し込んでも導管から流れ去ってしまい、木口面にはほん少しの接着剤しか留まらない。というわけで、木口を接続すると強度が弱いのである。要するに、機械的接着の効果があるのは、表面に適当な孔があるが、接着剤が逃げない程度でなければならないということである。

②化学的接着。これは界面において分子レベルの反応（化学結合）が起きているものである。たとえば、木材用の接着剤として「イソシアネート基」を部分要素に持つものがある。これは図3-15のように -N=C=O の分子である。イソシアネート基は水酸基（-O-H）と容易に化学反応してウレタン結合とよぶ化合物を形成する。このように界面で化合物が形成されることで接着するのを化学的接着という。この反応は常温で進行し、いったん出来上がると安定で

ある。界面は両方から素材を供給してつくられた安定な物質で構成されるので、一般に化学的接着の結合の強度は最も大きいのである。ところでイソシアネートが木材用に適している所以は、木材が水分を持っていることにある。木材はいくら乾燥させても若干の水分が残っている。たとえば、スギ材は加熱乾燥したものでも含水量15％といわれている。これは自己の乾燥重量の15％の水を含んでいるという意味である。イソシアネートはこの水と化学反応するところがミソなのである。この接着剤が本章の話のクライマックスなので、後で詳しく述べる。

③分子間引力による接着。電磁気力はプラスとマイナスは引き合う、プラスとプラス、マイナスとマイナスといった同じ荷電同士が反発することは小学生のときに習うから誰でも知っている。ここでいう分子間引力は、もとをただせば電磁気力で説明できるものである。分子は気体、液体、固体のいずれかの状態にある。まず、気体は分子がひとつひとつ勝手に動き回れる状態にある。つまり、水蒸気は閉じ込めない限りどこへでも飛び散ってしまう。液体と固体はたくさんの分子が拘束された状態にある。つながってはいるが、動くことができるのが液体、そして分子の位置関係が相互に固まっていて、その場で振動しかできないのが固体である。

1つの分子は全体では電気的に中性、すなわちプラスとマイナスはあったとしても同量なので消しあっている。しかし、分子を構成する原子レベルではそうはいかない。水分子は酸素原子（O）1個と水素原子（H）2個が結合しているが、結合するとき電子を差し出したり受け

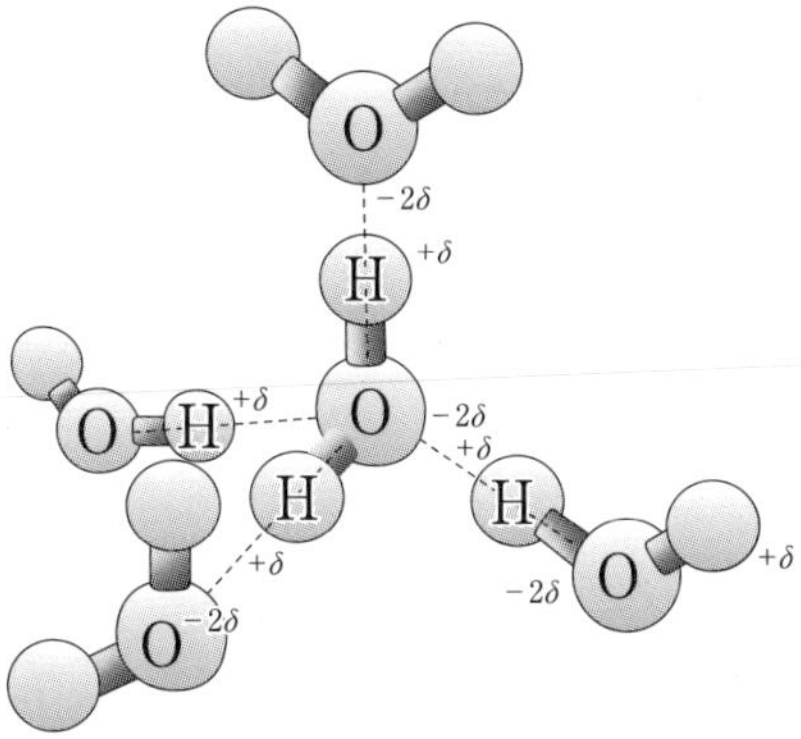

図 3-16　分子間引力による接着
水素結合の例を示す。水分子はミクロには1個の酸素原子がマイナス2δに2個の水素原子がプラスδに帯電するから（水分子全体としては中和)、正負が引き合う結果、O-H の水素原子の延長線上に隣の酸素原子が存在するよう配列する。

入れたりするので、電子が抜けたところがプラスに、電子が存在するところがマイナスになる。水分子はミクロには、水素ではプラスに、酸素ではマイナスの電荷を帯びている（このように内部で局所的な電荷を持っている分子を「極性」があるという）。すると1つの水分子の水素は他の水分子の酸素を捕えようとする。結果として、図3-16のように、水素原子の腕が他の分子の酸素分子に向かう線上にあるように結合するのである（この結合を「水素結合」とよぶ）。つまり、極性のある分子は分子間力によって引き合うのである。水分子の水素結合が上下左右すべてに出来上がって正四面体に固まったのが氷である。その水素結合が切れてごそごそと動きやすくなったのが液体の水だと思われているが、実は現在でも水の構造は謎につつまれていてよくわかっていない。いたるところ均一な水分子で構成されているのではなく、「氷によく似た秩序構造」が「水素結合の腕が大きく切れゆがんだ水分子の海」のなかに散在した「水玉模様のような微細構造」【スプリング8 2011】ではないかというのが最新の知見である。

接着剤の話にもどると、極性を持った分子は接着剤として使える可能性がある。水で濡らした2枚のガラス板がくっついて離れなくなるのも分子間引力の効果である。水そのものでなくても水酸基（-OH）でもよい。「電気陰性度」の差の大きい原子の組合せでは極性を持つ分子ができる。アンモニア（NH_3）、炭酸ガス（CO_2）、カルボニル基（C=O）、カルボキシル基（COOH）、シアノ基（CN）などがあれば、被着体に分子間引力で結合する。接着剤開発の課題は、塗布する前は液体であり、極性を持ち、そして塗布後は堅牢に固まる素材を探索することである。

接着のメカニズムはこれらの3つの複合したものとされているが、いつも3つすべてが要求されるというわけではなく、主たるメカニズムがあるが他のメカニズムも同時に寄与していることがあるといったところであろうか。この3つの接着の相対的強度は、②の化学的接着は③の分子間引力より10倍から100倍程度大きいことが知られている。①の機械的接着の強度はくっつき方に大きく依存するから、他の2つと大小を比較することは難しい。機械的接着はあくまで補助的と考えられる。

木材の接着強度に影響する因子

接着の3つのメカニズム以外にも、接着強度に影響を与える要素がある。以下、木材の接着に特有な事項を列挙する。【作野 2010】を参考に紹介する。

① 樹液が出やすい樹木は切削後長時間置くと接着が弱くなる。樹液成分には油脂、炭水化物、芳香族化合物（ベンゼン環（C_6H_6）を含む化合物と定義される。「芳香」とはいうものの、良い匂いがするとは限らない）などがある。接着のさいは、樹液が硬化の妨げとなったり、油脂などは水溶性の接着剤をはじくことからぬれを悪くしたり、木材表面で接着剤が適度に浸透してアンカー効果を生じるのを阻害することが起こる。それらを防ぐには、プレーナー機（自動かんな）を使って表面を平坦にしてから接着剤を塗布すると良い。

② 被接着材である木材の強度にも依存する。木材の強度は、ほぼ密度に比例する。密度の低い木材ではいくら接着剤そのものが丈夫であっても、あるいは接着界面が良好であっても、無理に引き剥がすと木部の方が先に破壊されることになる。

③ 生材は含水率（乾燥自重の何％にあたる重量の水を含んでいるかを示す。100％なら

自重量と同じだけの水を吸って2倍の重量になっている状態）が高く水を多量に含んでいる。水溶性接着剤は木材中の水分によって薄められるので、接着剤の効果を低下させる。

④繊維方向は並行に接着するのが最も接着力が大きい。並行にすれば繊維が長い距離において絡み合うので、接着力が強いことは納得がいく。集成材とは繊維に並行に接着したものだということは説明した。繊維を直角に重ねる合板より強度は高く、3～4倍の強度があるといわれる。

⑤一般的にはぬれが良く、粘度が低い方が接着力は高いが、木材は多孔質であるから接着剤が木材中にどんどん浸透していくようだと接着剤の量が足りなくなることによって強度は低下する。

⑥化学反応によって接着するタイプの接着剤の場合は、木材の表面のｐＨにも影響を受ける。たとえば、尿素樹脂は酸性にすると分子がつながっていく反応が進むので、塩化アンモニウム（NH_4Cl）を添加して酸性にして分子をつなげてやればよい。したがって塩化アンモニウムは尿素樹脂の硬化剤の役目を果たす。このように接着は、接着剤そのものの性質のほか、被着材の性質、界面の状態の違いによって複合的に要因が重なり合って起こる事象である。

品質が安定した建築材料―集成材―

集成材は現在身近なところでたくさん使われるようになった。集成材を製造するときは欠陥をよけて切り出して原材料とすることができる。ムク材にこだわると1枚・1本全体が使えないが、集成材では材料のムダを極力減らすことができ、ムク材より経済的に有利である。腰壁、鴨居、床、棚、手すり、などの造作用材、テーブル、机、椅子、スピーカの箱、などの家具用材、このような用途は比較的小物が多いから小さな材を貼り合わせれば十分である。また構造用材ほどの大強度は必要ないこともあって接着剤への要求もそれほど厳しくはない。こうして集成材はまず造作・家具用材のマーケットに浸透していった。現在では我々のまわりにある木製の家具、建具、床など、ほとんど集成材といってよいほどである。

さらに構造用材にも使われるようになった。土台、柱、梁、筋交い、桁などである。わが国の生産量ベースで構造用材が造作用材を上回るようになったのは2000年のころである【森林白書 2011a】。昔はわが国の在来工法の住宅建築はムク材の柱を使ってきた。柱は断面が10・5センチ角または12センチ角で長さ3メートルか4メートルのいずれか。ヒノキやスギはこれに適するよう育てられた。ところが、最近の住宅建設現場を見ると、柱とはいえ4枚ぐらいの板を重ねて作ってある。和室を造らない住宅が多くなって、柱が見えないからムク材でなくても気にならないわけだ。もし見えるところがあれば薄い化粧材を貼り付けてしまえばよい。こうして在来工法の住宅ですら、集成材の柱材におけるシェアは6割程度に達している【森林白書　2011b】。柱の見えない大壁工法を使う住宅も増え、柱はなくて、いきなり壁が作られる。

集成材がわが国の住宅建設に深く浸透した背景には品質・性能への要求があった【森林白書　2011c】。わが国は地震国であり、地域によっては多雨、積雪がある。耐震性、耐候性を確保するために厳しい「建築基準法」の審査にパスしなければならない。構造用でも造作用でも集成材の品質基準は、水や沸騰水に漬けてのはくり試験では、はくり率が5%とか10%、せん断強度は5メガパスカル以上（構造用のみ）、含水率は15%以下であること、曲げ強度はヤング率に応じて等級付けし表示しなければならない、有害なホルムアルデヒドも放出量に応じて等級付けし表示しなければならない、など多項目にわたり細かく決められている。集成材は日本農林規格（JAS）というが、工場で製造され工業規格に負けないレベルになっているのだ。1995年の阪神淡路大震災後、住宅メーカは集成材だから地震に強いというキャッチフレーズで顧客を集めた。こうして住宅における安心・安全を求める社会の要請に応えたことが集成材が建築におけるイノベーションを創出した所以である。

もちろん集成材でない一般の挽材でもJAS規格が決められている。しかし挽材では、たとえば含水率は15%以下、20%以下、25%以下の3つがあるといった具合で挽材製品の実情に沿って幅を許容するようになっている。ここのところがいかにも農林業らしい。挽材は規格にもバリエーションがあり、無規格品もあるので使用にあたっては注意が必要である。集成材を選択すれば品質・性能は一様で安心して使える。

太い材を乾燥するより、薄い板の状態で乾燥させる方が乾燥に完璧を期すことができるのは当然である。集成材の原料はラミナーとよび、だいたい3センチ程度の厚さである。だから含水量15％以下になり得る、もともと木材の水は70％が細胞のすきまや導管内に「自由水」として存在し、残り30％が「細胞水」といって細胞の内部に含まれている。乾燥させるとまず自由水が失われ、次に細胞水という順になる。したがって25％というのは自由水は出きったところであるが、まだ細胞水は多量に含まれており、このさき水分が減少していくと木材が収縮を始めるあたりなのである。つまり細胞の水が失われるから木材が収縮するのだ。他方で15％というのは「一応」完全に乾燥した状態に近い。「一応」としたのは、木材は製材後でも空気を出し入れするので、この程度の含水率というのはいわば空気中の水蒸気と平衡状態にあるからである。木材の場合、平衡状態を維持するのが、割れや変形を起こさず最も安定していられる。集成材はあらかじめこの平衡状態をセットするのである。

大規模木造建築を可能にした接着剤レゾルシノール

住宅用建築材料のイノベーションを引き起こした集成材ではあるが、床や内装だけでは目立たない。最もアピール効果が大きいのは、その性能を大規模木造建築で発揮することである。これを可能にするのは強力な接着剤の開発である。環境問題、炭酸ガス（CO_2）削減の必要性の認識が高まり木材の利用促進が謳われる今日このごろ、大規模木造建築は地域のエコシステムのシンボル的存在になり得る。樹木は光合成によって空気中のCO_2をセルロースとして固定する。木材に固定されたCO_2は、木材を燃やしたり腐らしたりせず木材のまま使い続ける限り、木材中に留まるからである。

「鉄全盛を経ていま再び木材へ」の節で最近の大規模木造建築の動きを説明したが、これを可能にしたのが構造用集成材であり、その接着剤としてのレゾルシノール樹脂なのである。

接着剤は液体の状態で塗布しなければならないが、接着後は固体である。溶剤に溶けていた場合には溶剤が蒸発するとか、加熱状態で液体の場合には熱で流動していたのが冷えて固まるというのも接着に寄与できる。しかし強力な接着のためには単に固まったから接着するということではなくて、分子間に引力が働いて接着していなければならない。やはり界面で化学的変化が起きて異なる物質が形成される化学的接着が最も強力であろう。化学的接着を目指すとしたら、液状のモノマーが重合（つながって）して高分子（ポリマー）に変化する反応のなかから探すのがよいだろう。ここで「モノマー」とは分子1個の化合物で、ポリマーはモノマーがつながったものである。接頭語の「モノ」は1つ、「ポリ」は沢山という意味である。たとえば、エチレン（$H_2C=CH_2$）はモノマーでポリエチレンはポリマーである。

20世紀に入ると合成化学が発達したおかげで多くの種類の接着剤が開発された。そのなかで木材用としてはフェノール樹脂と尿素樹脂が適していることが判明する。これらが初めて合成されたのが1907年および1920年のことで、ヘッツァーの集成材の特許が誕生して間もない時期である。フェノールはホルムアルデヒドと反応し得る官能基である水酸基（-OH）を持っているのでホルムアルデヒドと反応させると重合してフェノール樹脂がつくられる。この反応も20世紀になったときは広く知られていたことである【ゴールドスミス　1913】。尿素樹脂もユリア（尿素）を原料とするところが異なるが、同様にホルムアルデヒドと反応させて尿素樹脂が生成される（図3-17）。フェノール樹脂は湿潤・乾燥、水、高温への耐性が高く、誕生したばかりの集成材や実用になっていた合板の格好の接着剤として適用が始まったであろう。尿素樹脂の方は耐水性はフェノール樹脂よりやや劣るが安価であるという利点を活かして、室内用や家具用として広く使われるようになる。

さて、大規模木造建築としては、もっと大きな接着強度を確保できる接着剤が欲しい。それができれば、柱のない、より大きな空間を創出できる。接着強度を高くするには接着剤をよ

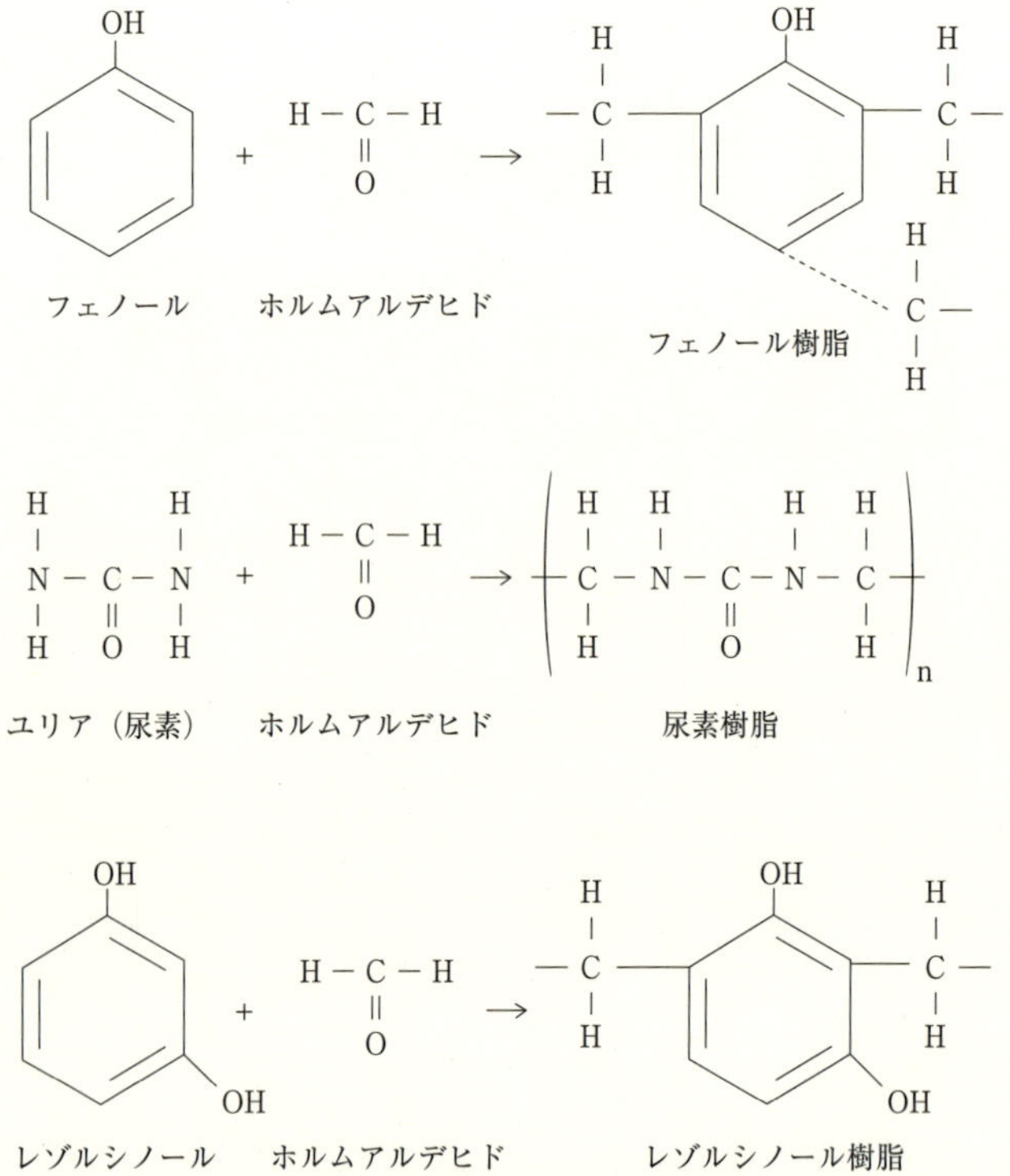

図3-17　代表的な木材用接着剤

左端の原料にホルムアルデヒドを反応させて樹脂をつくる。フェノールの点線はCH_2が2つ付く場合と1つの場合があることがあり、枝分かれがあり得ることを示す。レゾルシノールは特に描かなかったが同様に枝分かれすることがある。他方、尿素樹脂は直鎖状とされている。

り硬くするか、接着剤と被着材との間の化学結合によってより強固に結びつく物質を探していくことになる。フェノールの化学記号をみると六角形のベンゼン環に水酸基が付いた形をしている。「亀の子」ともいわれるベンゼン環は炭素と水素が6個ずつで環を形づくっている（亀の子の記号はいちいち炭素と水素を書かずにこれを表すという約束となっている）。フェノールの場合ベンゼン環の周りの水素原子が1つだけ水酸基に置き換わっていて、これがホルムアルデヒドとの反応に関与していた。ホルムアルデヒドは水酸基と強く化学反応をするのであるから、水酸基の数を増やしてやれば反応がより進み、硬い接着剤が得られるという期待があろう。そこで、水酸基をもう1つベンゼン環にくっつけてみる。それがさきほどの図の最後に描いたレゾルシノール（別名レゾルシンといい、2つの水酸基を持つ。物質そのものは19世紀にすでに知られていた）という化合物である。これはフェノールと似た性質を持つ物質で、ホルムアルデヒドとの反応によってレゾルシノール樹脂になる。

レゾルシノール樹脂の開発は主として米国で進められた。レゾルシノールとホルムアルデヒドの反応で樹脂を作ることができること、この樹脂は硬化して接着剤となりえることはわかっていたので、ここからの研究はいかに接着剤として制御した樹脂を作れるのかという点に向けられた。

米国フィラデルフィア在住のエミール・E・ノボトニーはレゾルシノールとホルムアルデヒ

デヒドの反応を定量的に研究した。彼によれば、ホルムアルデヒドとレゾルシノールの比率はモル比（分子の重さの比）にして1対2以下とし、摂氏100～149℃（華氏212～300℃）の範囲で加熱することで熱可塑性（加熱すると液体、冷えると固体という意味）の樹脂が得られるとした。さらに、ホルムアルデヒドが不足した状態の液体の合成樹脂を創ることができ、後からホルムアルデヒドを追加することで同一材料によって硬化剤の役目を果たせるのではないかといった指摘をした【ノボトニー 1930】。

ノボトニーはさらに研究を進め、1932年、このようなホルムアルデヒド成分の不足した接着剤の製造方法と製品の詳細を完成し2つ目の特許を取得した【ノボトニー 1932】。レゾルシノール樹脂に係わる18個の発明を1件の特許明細書に精緻に記述し、ここにレゾルシノール接着剤が完成した。この発明の骨子はホルムアルデヒドが不足した状態の「接着剤に変わる直前の状態の液体」を製品として提供し、ホルムアルデヒドと混合することで接着剤としての機能を完成させたことにある。

開発されたレゾルシノール樹脂は水酸基の数が多いため反応性が高いという性質を反映して、接着耐久性に優れるばかりでなく加熱を要しない常温接着が可能になった。常温接着となれば作業が容易でコストがかからない。反応性が高い接着剤は保管しておくだけで硬化するおそれがあるから、2液を混ぜるタイプとすれば使いやすい。すなわち、被着体の両面に各々を塗布したのち貼り合わせるのである。そうすれば貼り合わせたとき初めて反応が進むので塗布作業はしやすい。レゾルシノールは高価なところが課題（開発から70年たった今日でも高価である）ではあるが、強度が上がって付加価値が増大したのだから、高価であってもかまわないともいえる。価格を下げるためにフェノールを混合して使うこともあるが、そうすると硬化に要する時間が長くなり、かつ接着強度も低下してくるので用途によって使い分けるということになろう。

接着集成材はヨーロッパで生まれ、フェノール樹脂や尿素樹脂が誕生してからは集成材の接着に盛んに使われたであろう。しかし、大規模木造建築の構造材とするのは強度的、耐水性、耐久性においてもっと高い性能が必要だった。その要求を充たしたのがここに説明したレゾルシノール樹脂であり、大規模木造建築用構造材に使う木材の接着剤としては現在なお最強のものと考えられる。ここは米国が主導的役割を果したのである。

建築材のホルムアルデヒド問題

本章の締めくくりとして、集成材における日本人の最大の貢献について述べよう。前節でフェノール樹脂、尿素樹脂、そしてレゾルシノール樹脂という木材工業において代表的な合成接着剤を述べた。合成する方法を見るとホルムアルデヒドが共通して反応材として使われていることがわかる。ホルムアルデヒドは毒性があり、目や粘膜への激しい刺激と炎症の誘発があり、呼吸器にも傷害を与える劇物である。低濃度の場合でも「シックハウス症候群」のようにじわじわと人体に悪影響があるので、その利用は法律で規制されている。建築用材でいえば木質材料の接着剤のほか、塗料、壁紙の接着剤などに使われている。ホルムアルデヒドの放散量によって用材にランク付けがされており、低いほうから、F☆☆☆☆、F☆☆☆、F☆☆など と、☆の数で表示する。☆の数が少ないほど放散量が高い。各レベルごとに使える場所が制限されている。人が寝起きする部屋は優先度が高くF☆☆☆☆、トイレや物置、廊下など滞在時間が少ない場所は規制がゆるいF☆☆でもよいといった具合である。建材の表面積が広いほど放散量が多くなるので表面積も考える。住宅設計者は用材と表面積を計算して安全な住宅を設計しなければならない。

たとえわずかな量でも悪影響があるのだから使いたくない。どうしても健康と安全を優先したい。シックハウスに敏感な人が少なからず存在する。建築法や業界の自主規制で使用が制限されているとはいえ、この程度の規制では足りないという声が出ても何の不思議もない。古来から人類はホルムアルデヒドなどと一緒に生活してきたわけではないからだ。ホルムアルデヒド放散ゼロの建築材が欲しい。この要望に応えたのが日本人の発明である。ホルムアルデヒドを使わない画期的な接着剤が考案される。まず、そこに到達する前史として、ドイツで誕生したポリウレタンに簡単に触れよう。

ポリウレタンと接着剤の関係とは

フリードリヒ・バイエルとヨハン・フリードリッヒ・ウェスコットは共同で1863年にドイツで染料工場を創業、さらに事業拠点を米国とロシアにも拡大していた。バイエルは事業家、ウェスコットは染料技術を得意とした。創業当初は染料専業であったが、事業が大きくなるに従い、彼らは医薬の将来性に注目するようになり、実力のある化学者を社員として採用するようになった。

このときまでに、社名を「バイエル」から「ファルベンファブリケン」に変えていた。フリードリヒ・バイエルの個人商店のイメージを払拭するためだ。ドイツ語の Farben とは色とか染料という意味で、染料を家業としていたウェスコットに配慮した社名である。

こうして化学と医薬の世界で着実に進歩を遂げ、やがてアセチルサリチル酸の合成に成功した。1899年にこの成分を含む鎮痛剤「アスピリン」を商品化、バイエルらが創立したファルベンファブリケンはこのヒットにより、合成化学・医薬品分野でドイツを代表する企業に成長した。第1次世界大戦後、国策的に多数の会社を合併し、「イーゲー・ファルベン・インダストリー　AG」に社名変更してドイツの主要な化学企業を1社に集約し完全な独占企業となった。ナチス政権が誕生すると積極的にこれに加担し、強制収容所でユダヤ人虐殺に使われた毒ガスを供給した。

話を接着剤に戻そう。元々生ゴム（天然ゴム）は弾性を持つことは知られていたが、その性質は温度によって影響を受けるのである。たとえば、冬、凍結すると弾力性を失い無理に使うと割れたりする。そこで、生ゴムに硫黄を加えて分子を網の目状に架橋させ、分子が自由に移動できる範囲を制限してしまうことによって、耐候性や硬さ、弾力をコントロールする方法が開発された。これを「加硫」という。

その後長い間、硫黄が必須だと思われていたが、イーゲー・ファルベンに勤務するヘルムート・クライネル、オットー・バイエルなどの研究者は、硫黄を使わずに加硫に相当する変化を生ずる方法を見いだしたのだ。その方法とはジイソシアネートを使うものであった。彼らの特許明細書【クライネルほか 1956】にはそれは「驚くべき事実」だったと書かれている。

この発見はドイツのポーランド侵攻で始まった第2次世界大戦の最中、1940年の発明である。ドイツでの特許出願はその年になされたが、わが国への出願はずっと遅れて戦後の1954（昭和29）年のことであった。第2次世界大戦中に生まれた知的財産権について、手続きができなかった期間があったので手続期間を延ばすという日—西独間の国際条約にもとづくものである【特許庁 1985】。

「加硫に相当する変化」というのは、後から思えば謙遜ともいえる。これはジイソシアネートとよぶ反応基にもとづく新しい化学である。この反応は現代ではポリウレタンを製造する化学反応としてよく知られている（図3-18参照）。ポリウレタンは空気をたくさん含んだ、あのフワフワした樹脂で、低反発まくら、ベッドのクッション、断熱材、防音材など身の回りにいくらでも見つけることができる。軟質、硬質といったポリウレタンもあるように硬さを自由にコントロールすることができる。単に加硫によってゴムの性質を改善したに留まらず、ポリウレタン化学というまったく新しい分野を拓いた。オットー・バイエルは32歳の若さでイーゲー・ファルベンの研究所長となった人であるが、バイエルの名前を持つものの創業者のバイエル一族ではない【バイエル社ホームページ】。

イソシアネートの化学反応生成物を接着剤に使う試みは同じころに米国で進められていた。デュポン社のジョージ・L・ドローはポリビニルアルコールがイソシアネート基と反応することに気が付いた。この反応はさきほどのウレタン反応と同じものである。ポリビニルアルコールは図3-19の化学式に示すように水酸基（-OH）をもっている。そこでポリビニルアルコールはイソシアネートと反応して合成物を作る。この合成物を接着剤に使うというものである【ドロー 1942】。

ポリビニルアルコールは水に溶ける（これを「水溶性」という）もので、ここにイソシア

$$n \begin{bmatrix} \diagup \text{NCO} \\ R \\ \diagdown \text{NCO} \end{bmatrix} + n \begin{bmatrix} \text{HO} - \text{R}' - \text{OH} \end{bmatrix}$$

$$\longrightarrow \begin{bmatrix} \overset{H}{\underset{\underset{O}{\|}}{|}} & \overset{O}{\underset{\underset{H}{|}}{\|}} \\ \text{OCN} - R - \text{NCO} - R' \end{bmatrix}_n$$

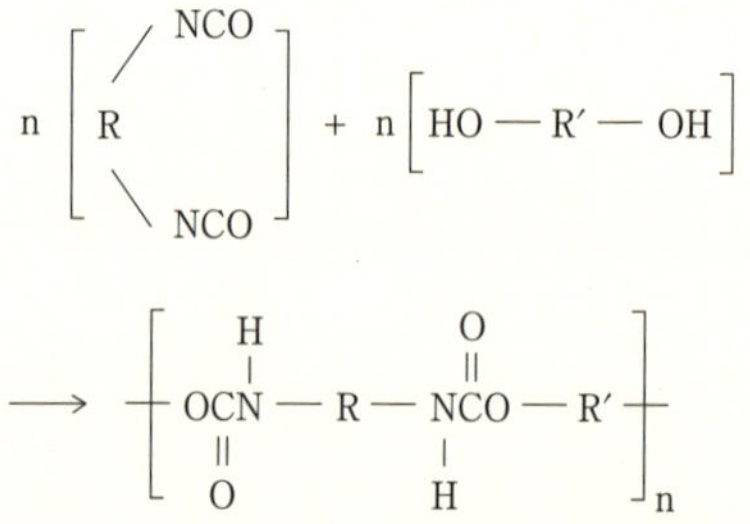

図 3-18　イソシアネートと水酸基の反応
-NCO がイソシアネート基で 2 つあればジイソシアネート化合物という。-OH が水酸基。反応でできる化合物がポリウレタンである。架橋は不均一に作られていくので化学式は厳密ではない。

$$n \begin{bmatrix} \diagup \text{NCO} \\ R \\ \diagdown \text{NCO} \end{bmatrix} + \begin{bmatrix} \text{CH}_2 - \text{CH} \\ \phantom{\text{CH}_2 - } | \\ \phantom{\text{CH}_2 - } \text{OH} \end{bmatrix}_n$$

$$\longrightarrow \begin{bmatrix} \overset{H}{\underset{\underset{O}{\|}}{|}} & \overset{O}{\underset{\underset{H}{|}}{\|}} \\ \text{OCN} - R - \text{NCO} - \text{CH}_2 - \text{CH} - \end{bmatrix}_n$$

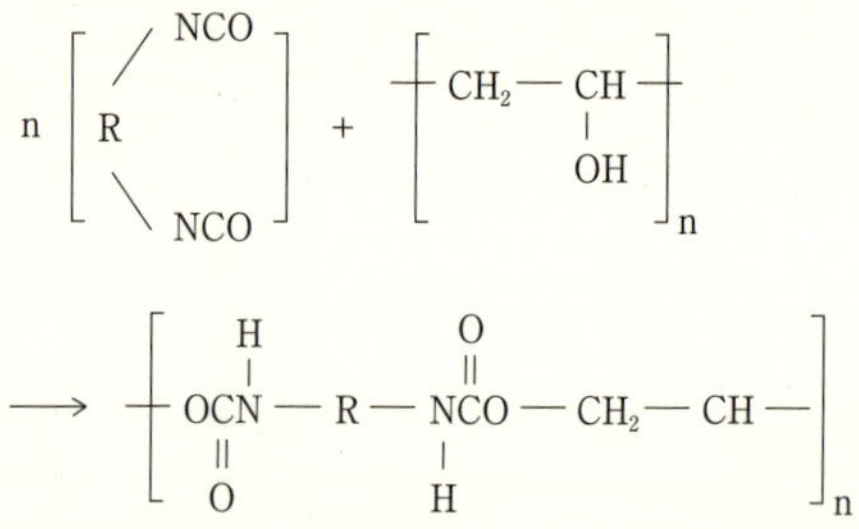

図 3-19　イソシアネートとポリビニルアルコールの反応

ネートを混合すると、ポリビニルアルコールの水酸基とイソシアネートの間で反応が進むものである。ドローは、この反応の結果生じる化合物も、ポリビニルアルコールに多量に含まれる水分を取り込んでいるので、水分を残すとイソシアネートの強い反応性が災いして分解しやすくなるだろうと考えた。つまり、耐水性・耐候性は悪いかもしれない。そうであれば、化合物が水を含まないようにしなければならない。そこで、接着する前に水を蒸発させることにした。しかるのちローラーやスプレーによって有機溶剤を撒き化合物を有機溶剤に溶解し、50～120℃で乾燥するとした。このようにすると水分に耐える接着剤が実現できるので、屋外で使用する木材の接着に使用すれば雨、雪などの耐候性に優れているというのがドローの発明の骨子である。

ドローの発明は、次に述べる水性高分子イソシアネート系接着剤への最終ステップだったといえる。ホルムアルデヒドを放散しない強力な接着剤の開発に成功したが、水分を追い出してしまったことで、結果的にわが国で発明が生まれる余地を残した。木材がその特性としてあたりまえに含んでいる水分を積極的に接着に利用するという二兎を追うごとき発明につながっていくのである。

日本人が開発した水性高分子イソシアネート系接着剤

いよいよ本章の最終局面にたどり着いた。従来から合板、ベニアなどの接着剤として使われていた尿素樹脂やフェノール樹脂は製造の過程でホルムアルデヒドを用いるので、接着剤の化学合成において反応し切れず残留したホルムアルデヒドがじわじわと放散される。それを避けるために、反応材料としてホルムアルデヒドを止めることも何度も試みられたが、なかなか強力な接着力は得られなかった。ようやく代替可能な反応材料として登場したのがイソシアネートであった。

イソシアネート基（-NCO）はさまざまな物質と反応し固化するので強力な接着剤を得られる可能性がある。なかでも水酸基（-OH）と強く反応することが重要である。そして水（H_2O）は水酸基と馴染みのよい物質であるから、木材の接着にはさらに都合がよい。なぜなら、木材はそもそも水分を含んだ物質だからである。つまり、水と水酸基は同じ分子構造（-OH）を持つから、水酸基を持つ物質は水に溶けたり、水を吸着したりしやすいのである。

ちなみに、わが国の代表的な建築材料であるスギは乾燥材といっても15～20％（重さで）の水分を含んでいる。伐ったばかりのスギは１００％すなわち木材の自重と同じ重さの水を含んで重さが倍になっている。

ドローの特許明細書では、接着剤を木材に塗布し、しばらく加熱して水分を蒸発させてから有機溶剤に溶かすと記載されていた。有機化学的な処理方法が技術の発達を規定したのだと解釈できる。この時点では当然の発想かもしれない。つまり、接着剤の前駆体（接着剤に変わる前の物質）としてポリビニルアルコールのような水溶性の高分子を使うなら、イソシアネートが木材中の水分子の間に拡散したポリビニルアルコールと反応固化し、木材との接着をいっそう強固にできる可能性があるのではないか。そうだとしたら、木材に塗布後、水を蒸発させることはかえって強力な接着を損ねていることにならないか。水は有機溶剤より取り扱いが楽なのも都合がよい。「水分の存在が大きな意味をもつ」【桜田ほか 1973】のではないだろうか。ここまで到達するのに30年を要した。

ここに気が付いたのが日本人で光洋産業株式会社に勤務する技術者、桜田誠一、宮崎泰顕、近藤正己である。水性高分子イソシアネート系接着剤の誕生である。イソシアネートの反応の相手となる物質にはドローが使ったのと同じポリビニルアルコール水溶液が選択された。最初の特許出願が1972（昭和47）年、その後数年間でおびただしい数の特許が出願され、水も漏らさぬ特許の網が作られる。なにしろ、イソシアネートは多くの物質と反応することができるので、接着剤として可能性のある化合物との組合せはできる限り権利を確保しておかないと、すぐ他の会社に真似られてしまう。

光洋産業の特許群は提携関係にあった（株）クラレ、（株）アサヒとの共同出願という形でほとんどの出願がなされている。基本特許の3件は9カ国に出願された。光洋産業から「KRボンド」の名称で販売されるとともに、数社に特許実施許諾がなされたという【桜田ほか 1979】。

「水性ビニールウレタン系接着剤」という呼称は初期のころ使われたが、「水性高分子イソシアネート系接着剤」と同じ意味である。

この接着剤はホルムアルデヒドを含まない反応を使うことから無公害で安全性の高い接着剤であることは述べたが、そのほかに接着剤として優れた特性を持っている。桜田ほかの論文には次のことが挙げられている。接着剤としては常温接着もできるし、加熱接着でもよいという作業性の良さ、短時間で乾燥・硬化するので作業の効率は高い。接着力が優れ、耐クリープ性の高いことは構造材のようにいつも応力が掛かっている部材でも接着面の変形が少ないことを意味する。接着力と耐クリープ性はレゾルシノールと同等である。耐水性も高い。価格はユリア樹脂よりは高価であるが、レゾルシノールよりは安価である。

他方で、材料の性質に伴いデメリットもある。乾燥・硬化が速いということは、急いで作業しなければ固まってしまうということであり、さらに、機械や人間の手につくと落ちにくいといった課題が残るようである。

とはいえ、乾燥・硬化が速すぎるのであれば反応前の材料、すなわち末端にイソシアネート基（-NCO）を持つポリビニルアルコールと水酸基（-OH）を持つポリオールという化合物を木材の貼り合わせ面の各々に塗布してから、貼り合わせたのち圧力を加えて乾くまで固定する。こうすれば、張り合わせるまでは反応が始まらないから乾燥が速くてもあまり問題にならないのではないか。

こうやって、木材は集成材の時代が到来した。最後の節では、木材生産の視点からわが国の集成材の意義を考察しよう。

わが国の林業と集成材

わが国の林業の現状をざっと眺めてみる【森林白書　2011d】。

国土面積3779万ヘクタールに対して森林面積2510万ヘクタール。このうち林業の対象となるのは、主として人工林といって人の手で植林され育てられてきた森林である。人工林面積が1000万ヘクタールある。さらに、人工林の内訳を見るとスギが一番多くて450万ヘクタール、次がヒノキ260万ヘクタール、カラマツ102万ヘクタールと続く。

わが国の森林の蓄積量は2007年に44億立方メートルと膨大な量に達している。このうち、年間伐採量すなわち木材として市場に出てくる供給量はわずかに1759万立方メートル（2009年）に過ぎない。同じ時期の国内需要が6321万立方メートルであって、新規住宅着工戸数の79万戸に対応する需要量である。現在の蓄積の成長量は1年で8000万立方メートルとされているから、仮にその半分を毎年伐採しても国内需要の6割以上を充たし、かつわが国の森林の蓄積量は減らない【天野 2006】。

伐採量が落ち込んでいる背景は林業のおかれた厳しい状況にある。わが国の木材需要は1973年にピーク値の1億1758万立方メートルに達した後、1億立方メートルを中心に上下して推移してきたが、2000年からは減少に転じ現在に至っている。国産の木材供給量は、1967年のピーク値の5274万立方メートルから減少を続け、2002年に1608万立方メートルまでになったが、その後若干回復している。

この数値から、過去数十年にわたり国産材の供給で需要を充たせない時代が長く続いたことがわかる。不足分は輸入しなければならない。ところが、需要が減少した現在においてなお、輸入材の供給は減少しないのである。ここに重大な問題がある。

萩大陸はその著『国産材はなぜ売れなかったのか』のなかで原因を次のように分析する。結論は、輸入材に低価格で押えこまれたのではなく、国産材の仕様が時代に取り残されたのだという【萩 2009】。

第1には、わが国の林業は木造住宅の伝統的構造用材である柱と梁を主として生産してきたが、これが立ち行かなくなっている。ヒノキまたはスギで、寸法10・5または12センチの角材、長さ3または4メートルというのが標準的な柱材である。特に役物《やくもの》柱という和室の柱として完成後に室内の見える部分に用いられるものは、節のない、年輪が緻密で、色が白いものが珍重され特に高額で取引きされた時代があった。ところが、現在の新築住宅は和室がない住居がむしろ普通である。役物を指向してきたわが国の木材生産は行き場を失った。

柱や梁以外は狙わなかったのか。そのとおりである。並材として安価に取引される木材には手を出さず輸入木材に委ねた。その結果、並材の市場セグメントについては、輸入材がわが国の旺盛な木材需要を充足させたのである。

第2に、わが国住宅建築におけるグリーン材（乾燥してない材）の使用である。グリーン材は水分をたくさん含んでいるので、住宅ができ上がったあとにも木材の乾燥が続いている。乾燥が進むと木材は収縮し、その結果、割れや変形や寸法の狂いが発生する。昔は全国に腕のいい大工がいたので後の変形を想定しながら建ててもらえた。現在はそれができなくなっている。さらには阪神淡路大震災以降、耐震性の脆弱なことが木造建築への信頼感を喪失する要因となった。

第3に、供給の安定性欠如である。元々、個人の山持ちの単発的な伐採をあてにして来たわが国の製材所は数量の保証ができないので、工業生産を遂行する大手ハウスメーカーとしては使いづらいのである構造用建築材には乾燥、強度、寸法精度が要求される時代になった。林業といえども工業製品と同じように品質を保証しない限り使えなくなったのである。こうして、わが国は「集成材の時代」に突入した。

しかし、わが国では木材を供給する側がいかにも集成材について準備不足なのである。木材価格の低迷により、森林所有者は森林の管理意欲を失い、全国の人工林の多くが放置された状態にある。何しろ森林所有者が自分の都合で施業（育成、伐採、搬出などの作業のこと）をするとコストがかさんで必ず赤字となってしまうから、動けない、その結果の放置である。だから、国産材は出荷できていないのだ。一方で、計画的にかつ規模を取りまとめて施業を行う欧米の木材事業者や森林組合は、資産の減価償却費や稼動コストを規模拡大や効率化によって分散することによって低コスト化し、低価格で勝負ができる。その結果、集成材も国産材を使えず、多くが欧州産ホワイトウッドなど輸入木材なのである。

集成材はわが国の住宅や公共建築を支えるイノベーションであり、日本人の発明（水性高分子イソシアネート系接着剤）がそこで最も重要な貢献のひとつをなしたことを紹介したのだが、集成材の素材である木材は輸入材が多くを占めているのはちょっと残念なことである。イノベーションは原材料がどこから来てもかまわないものであるが、わが国は蓄積量的には世界有数の森林大国であるのに、自国の資源を使わずに海外の資源に大半を頼ることは資源収奪との誇りを受ける。また同一樹種、同一林齢の人工林を適度に伐採せず放置すると、天然林とは違ってすべてが育ちが悪くなったり台風で倒れたりすることがあるので、環境への負の影響も無視できない。国産材を使った集成材がわが国の住宅でたくさん使われ、林業も含めたイノベーションとなる日の来ることを望む。

第4章 「アルファゲル」
―地上18メートルから落下する卵を受け止める―

防振・衝撃吸収の用途は身の回りにたくさんある

パソコンに耳を近づけると何か音を出しているものがあることがわかる。高速で回転している機器が内部にあって、そこから音と振動を発生させている。機器の振動があるとまわりの空気が押されていっしょに振動し、空気の粗密が生まれ、その振動が耳には音として聞こえる。1秒間あたりの粗密の変化を音の周波数といい、ヘルツという単位で表す。人間の耳に聞こえる音は20～2万ヘルツといわれる。

さすがにパソコンでは触ってみても筐体がビリビリと振動している感じはしない。近寄ると音は出ている。大きな音が出ているとうるさいので、まずこれを気にならないレベルまで小さくしなければならない。静かな環境で使う事務用・家庭用パソコンは、すでに音を抑える措置をしているはずである。

次に、振動は周辺機器にも影響を与える。機械式の機器は振動で動作がおかしくなるかもしれない。電子式の機器にしても、たとえば金属とガラスをつないだ封止構造のように力学的に弱いところは、長期間振動にさらされているとヒビが入ったり、外れたりするかもしれない。

定常的な振動のほかに一時的な強い衝撃も問題である。ノート型パソコンやスマートホンのように持ち運ぶことが前提の機器は、ぶつけることや落とすことも考えておかなければならない。

マンションの一室でピアノやオペラの教室を開くとする。近所に騒音を撒き散らさないよう、防音・防振対策が必要である。ピアノから発生する振動を、ピアノの足と床の間にしいた防振シートで抑えなければならない。音は空気の振動であるから部屋の壁、床、窓ガラスを振動させて他の部屋にも伝わり、窓から音が漏れて外に出る。対策としては、ポリウレタンのように空気が沢山含まれた防音材を張り巡らすとか、二重窓にして空気を挟むことも有効である。防音と防振は現象が基本的に同じだから、対策の考え方も同じなのである。

最近の自動車はぶつけるとすぐ車体がへこんでしまう。これは車体を犠牲にしても搭乗者を保護するという設計思想の現れであるといってよい。衝突したとき、もらう運動エネルギーを、人間に対してできるだけ小さく、かつ車体に対してできるだけ大きくなるように割り振りたい。そこで鉄板がうまく変形して運動エネルギーに大きな仕事（物理学でいう「仕事」とは力×変形で移動した距離の積をいう）をさせるのである。そうすると、搭乗者がやむを得ず受ける運動エネルギーは少なくて済むという設計である。

スポーツ用途もある。近年、ジョギングやマラソンを楽しむ人も多い。ところで、「走る」動作は地面を蹴って身体が飛び上がり、続いて着地ということになる。着地のときは地面からの衝撃を感じるはずである。これを繰り返していると腰痛の原因にもなったりする。高齢者のジョギング人口も増えていることだし、衝撃を緩和することが求められるようになった。そこでジョギング用に衝撃吸収に着目したシューズの需要が生まれる。

アルファゲルの開発者、中西幹育《もとやす》は1980年代、LSI（大規模集積回路）を使う機器が登場して以来、部品が振動に弱くなっていることに気が付いた。LSIは大きくても2センチぐらいの四角形で周囲から数十本の細いリード線を出しており、そこから微弱な電気信号を伝える。リード線間の間隔は1ミリを切っている。そのような電子機器がいつも振動を受けていたり、強い衝撃が加わるとリード線がゆがんで故障の原因となりかねない。LSIを使った機器を振動や衝撃から守るには何を使えばよいのか。これがアルファゲルを開発した動機だった。いろいろと考えていたが適当なものが見つからないで困っていた。ある日発熱で伏せていたときだった。熱さましに使っていたゲル状のまくらが衝撃を吸収するのではないかということに思い至り、ゼリー、こんにゃく、はんぺん、豆腐など思いつく限りのゲル物質を買い求めて卵の落下実験を行った。膨大な実験を遂行したその結論が、シリコーンゲルのなかに空気を閉じ込める構成だった【朝日新聞　2006】。これが本章のテーマである、18メートルの高さから落とした卵を割れずに受け止める振動・衝撃吸収材の発明である。

そもそも制振・衝撃吸収とは何をすればよいのか

防振、制振、振動の遮断といった言い方があり厳格に区別して使うことがあるが、専門家以外の人には厳格な区別は知られていない。【長松　1995】に従うと定義は次のようである。

まず、振動そのものの発生を抑えること。機器の内部に動くものがあれば、動くに従って重量のバランスが変化して重心が移動することはすぐ理解できよう。重心の移動によって機器の足から床に掛かる力は移動していくはずである。つまり機器が揺れるということである。また、機器の筐体や内部の基板がしなやかである場合、動いた後で筐体や基板にゆり戻しが起こる。振動を起こさないようにするには、機器全体の重さの分布や筐体・基板の硬さの程度を適切に決める必要がある。これが「防振」である。

次に、運動エネルギーを減衰させることである。振動するモータの下にバネを設置したり制振シートを敷くと、振幅は減衰する。床まで伝わるとしても、問題ない程度まで抑制することができる。これを「制振」という。

3つ目に、振動の発生源と防振の対象領域との間に、振動の伝達を遮断する手段を講じることである。モータの架台が防振の対象となる架台と構造上離れていれば振動の伝達を「遮断」することができる。しかし、これはいつも可能であるとは限らない。

本章のテーマはこれら3つのうち、運動エネルギーを減衰させる手段に関するものである。18メートルの高さから落下した卵は、地面に到達する直前までに重力で加速されて18メートルに相当する運動エネルギーを得ていたのが、一気に停止してしまうので、そのエネルギーがアルファゲルで完全に消費されるわけである。

仮に①運動エネルギーのすべてがアルファゲルに吸収されたとする。こうなれば卵に割り当てるエネルギーはゼロになるはずだ。「エネルギー保存則」という物理法則が成り立っているので、そういうことになるのである。理想的にこのような事情が成立しているのであれば、卵は割れないはずだ。しかし、これはあくまで理想状態であって、通常はアルファゲルと卵との間で、運動エネルギーを分配することになろう。

②卵がもらうエネルギーが殻の強度を上回れば、割れてしまう。これはできの悪い衝撃吸収材ではよくあることである。

③卵がもらう運動エネルギーが卵の殻を破壊するエネルギーより小さい場合、卵は割れないだろうと考える。

つまり、「吸収体は、卵の持つ運動エネルギーを受け取ったとき、卵に反発を戻さないこと」。これが割れない秘訣である。もちろん、この発想は単に出発点でしかない。卵を割らないで済む条件を実現できなければならない。

さて、吸収されたエネルギーはいったいどこへ行ってしまったのか？　物理学で教えるエネルギー保存則が成り立っているのなら、吸収されてもなくなってはいないはずだ。ほとんどが衝撃吸収材の内部に残っているはずである。どうやって？　それは次節を読むと判明してくる。視覚的に理解するのにうってつけの装置を紹介する。

制振と衝撃吸収は同じようなところも、違うところもある。このあたりを制振・衝撃吸収の発明史を紐解きながら解明を進めて行こう。

鉄道用衝撃吸収装置

まず、１９２８年の特許明細書を見よう【クノール・ブレムセ　１９２８】。ドイツのクノール・ブレムセ株式会社（Knorr-Bremse）が取得した鉄道用衝撃吸収装置の特許である。この会社はドイツ人のゲオルグ・クノールが１９０５年に設立した鉄道用やトラック用ブレーキのメーカである。同社は空気ブレーキを発明したことで欧州最大の鉄道用ブレーキメーカに成長した。

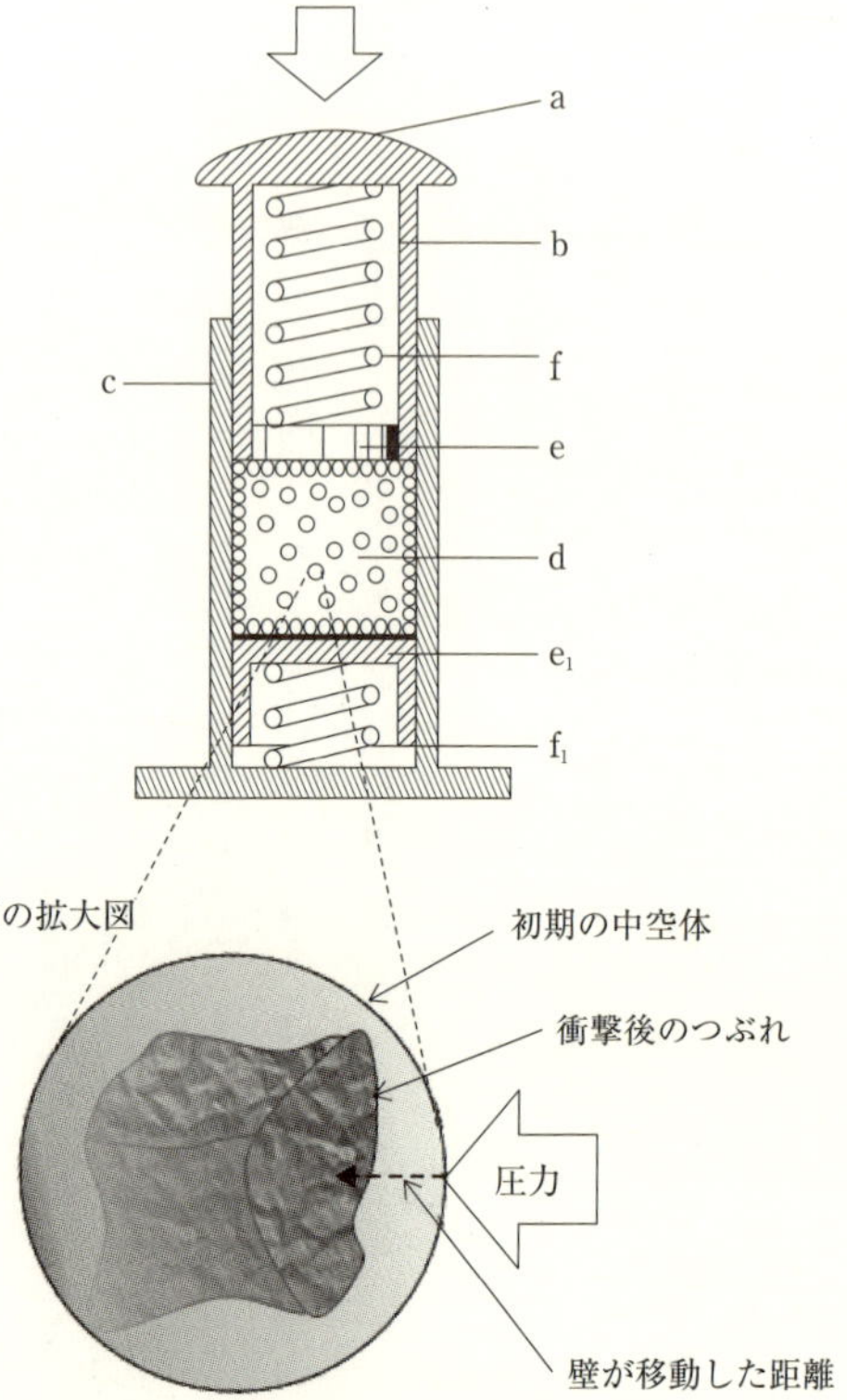

図 4-1　鉄道用衝撃吸収装置

ドイツ特許第 468279 号記号（a）と（c）の記号は明細書に使われているが、原図に描かれていないので著者が加筆した。発明の骨子は（d）部分に多数分散している中空体が圧力で潰れるので塑性体の性質を持つことである。
中空体が吸収したエネルギーは 1 個あたり圧力×表面積×壁の移動距離に等しい。

ここではブレーキのことではなく別の発明の話である。衝撃吸収装置とは、ターミナル駅で線路が終端する場所に備え、万が一、ブレーキが効かなかったり運転手がミスをしたりして列車がうまく停止しなかった場合に、列車がホームに突っ込み人や列車や設備に損害を与えないよう強制的に停止させるものである。

この特許明細書には発明者の氏名は記載されてない。企業であるクノール・ブレムセが特許権者であることがわかるだけである。

特許明細書にもとづいて説明しよう。5つの実施例が示されているので、1つだけ説明する。「実施例」とは特許の権利範囲を含む製品の形態や製造法などの例であって、権利範囲そのものではない。「権利範囲」とはその名のとおり権利の及ぶ技術的範囲であって、実施例に共通する上位概念で記載される。各実施例が示す詳細な構成のことではない。

図4-1に1つの実施例を示す。まず、この発明はピストンからできている。ピストンとはシリンダーとその内部にぴったり嵌る筒の組合せをいう。頭部（a）は衝撃を受ける部分である。筒（b）は衝撃によって移動を強いられると、シリンダー（c）の内部に案内される。中空のピストンの筒（b）は内部にバネ（f）を持っており、衝撃に対してある程度、クッションの働きをすると同時に、衝撃を受けた後でピストンを元の位置に戻す働きをする。

バネが最小の大きさまで圧縮された後、強い反発を与えるので、バネだけでは車両に乗っている人は、なぎ倒されるかもしれない。バネは強い弾性を示すからである。衝撃吸収のためには、もっとゆっくり圧縮し、かつ反発も生じない、つまり圧縮したままで停止してくれるとよいわけだ。

そのための機構は、充填物（d）である。充填物は特に指定されているわけではないが、圧力を瞬時に伝えるという趣旨では液体が好ましく、液体中に中空の変形しやすい物体を混合しておく形態が示されている。図4-1は、最初は球形の中空体が圧力を受けてくしゃくしゃになった様子を一緒に書き込んだ図なので、そのように読んで欲しい。圧力で球形が点線の矢印の長さだけ縮小したことを示している。形は球形でなくても構わない。

こうすることで、衝撃が来ると液中の中空体が潰れて変形するので、「塑性」といって粘土のような性質が生まれる。この塑性という性質を使うと反発を緩和することができる。普通の粘土を充填物にしても作れるかもしれないが、中空体を混合した液体が最良の実施例なのだろう。

要するに、衝撃吸収のポイントは弾性と塑性の適度なバランスである。

ここで先ほどの疑問点に立ち返る。車両が（a）の部分に衝突して停止するまでに、車両が持っていたエネルギーはどこに消えたのか？

初めは伸び切っていたバネ（f）が収縮した状態に変わることはすぐにわかる。バネに力が加わりながら短くなるのでバネ端部の移動距離に相当する仕事をしたことになる。したがって、最初の運動エネルギーのうち、力×(移動距離)はバネに蓄えられたわけである。

図の(d)で示す部分では中空体が潰れる。このとき中空体は液体中に浮かんでいるとするなら、液体に掛かっていた圧力は等しい圧力ですべての中空体に伝わる。よく知られているパスカルの原理である。したがって、圧力×(中空体の表面積)×(潰れたことによって中空体の壁が移動した距離)×(中空体の個数)に相当するエネルギーが消散されるのである。

このほか、目には見えないが、強い衝撃を受けた部分の温度が上昇する。これは摩擦のため分子レベルの運動が活発になって起こることである。金槌で金属などのブロックをたたき続けると熱くなる、自転車のチューブに空気入れを使って空気を入れていると、空気入れがしだいに熱くなってくる。このような現象はみな摩擦による発熱である。

以上が、運動エネルギーの転換先である。

弾性と塑性を組み合わせる

ドイツ人のウィリアム・ゲルブは振動の激しいモータの台座に、だれもがやるようにばねを設置したばかりでなく、振動吸収のため新しいダンパーを考案した【ゲルブ 1937】。彼の特許明細書の図面を図4-2に示す。図中に振られた番号をそのまま使って説明すると、モータ

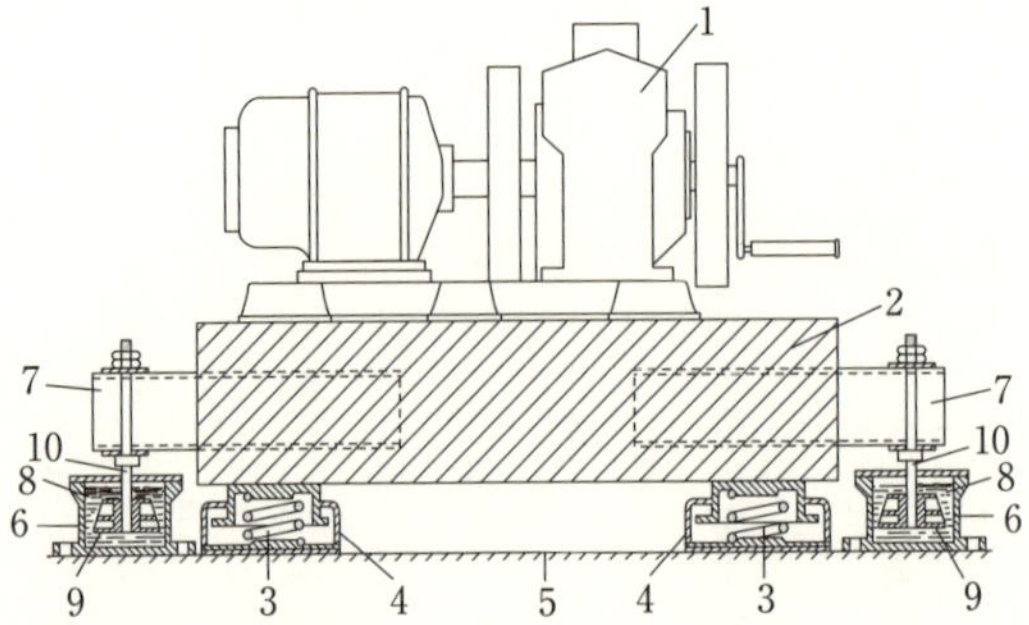

図4-2　高粘性物質を使うダンパーを設置したモータ
斜線部分が台座であり、両側にバネおよびダンパーが設置されている。ダンパーのなかの液体が高粘性であることが特徴の発明である。

（1）が台座（2）の上に乗っており、台座の下には、床との間にばね（3）が設置されている。従来はここまでで振動を吸収していた。だが、これだけでは不十分なことがわかったので、ゲルブはダンパーを追加した。

ダンパーは筐体（6）、振動伝達軸（10）、円盤（9）、そして高粘度の液体（8）から作られる。中央に鎮座するモータは振動源であって発明の本質ではなく、肝心の発明部分は両側のいちばん下隅に描かれる。まさに縁の下の力持ちである。台座の振動が振動伝達軸（10）に伝えられ、高粘性液体に浸かった円盤（図には立体的に3枚に描かれているが面積を増やすためであって、本質的には1枚でもよい）が高粘性の液体のなかで動くと、液体は押しのけられて変形し、変形したままの形をしばらくの間維持する。この発明のミソはきわめて高粘度の液体を使ったこと。ここで一歩、塑性に近づいたのである。塑性の原因は液体内部の分子間の摩擦であり、壁との摩擦ではないということが特許明細書に強調されている。

高粘性の液体の例として、アスファルトを含んだ工業用オイルが挙げられている。非常にドロドロしたもので、シロップや粘土のような粘り気と考えればよい。

液体の粘性を制御する

このような振動を減衰させるダンパーの応用範囲はモータの振動を軽減するばかりではない。「傾斜計」あるいは「傾斜角センサ」という機器は、地面、住宅、道路などの傾斜、航空機、船舶、潜水艦などで傾斜を測定する。

最も身近な傾斜計は「水準器」（図4-3）というもので、液体と気泡の入った透明なチューブに中央を示す目印が付けてある。液体はアルコールが使われることが多く、着色して気泡がわかりやすいようにしている。住宅建築の現場で床や梁の水平がきちんと出ているかを確かめるのに使われる。水準器の気泡の動きはほとんど制動はかかっていない。測定したい場所に置いたとき気泡が目印の真ん中に来ていれば水平が取れていることがわかる。

似たような機器で航空機や船舶の「傾斜計」がある（図4-4）。操縦席にあるメータの1つで中央部分が少し下向きに曲がった閉じたチューブのなかに、液体と着色した球体が入ってい

図 4-3　水準器
透明なチューブのなかに色のついた液体と気泡を閉じ込めたもの。中央に目印が刻んであり、気泡が目印に来るとき左右方向について水平が得られている。

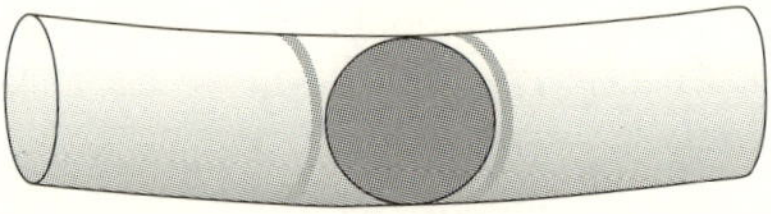

図 4-4　傾斜計
液体を閉じ込めた透明チューブに球体が入っている。球体が中央の２本の目印ラインの真ん中に入っていれば飛行は釣り合いがとれていることがわかる。

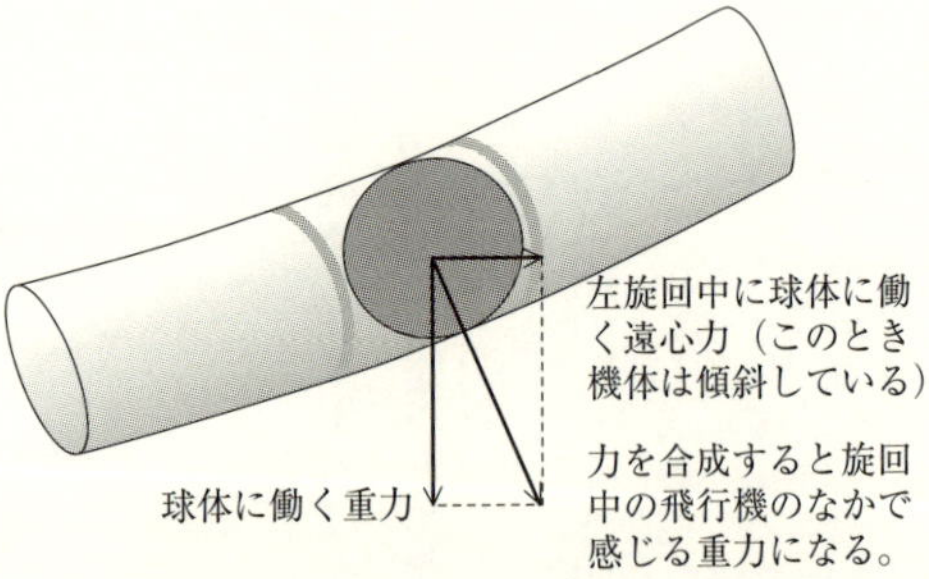
左旋回中に球体に働く遠心力（このとき機体は傾斜している）
力を合成すると旋回中の飛行機のなかで感じる重力になる。
球体に働く重力

図 4-5　旋回中の航空機の傾斜計の様子
旋回中に釣り合いがとれていれば球はやはり中心にある。このとき遠心力が働くが、機体が傾斜しているので合成した力を重力として感じ、しかも自分の真下に向かう力なので何の違和感も感じない。

る。さきほどの水準器とさして変わらないが、違いは気泡ではなく重い玉が入っていること。こうすると、まず安定した状態では、中央が最も低いので球体が中央に来る。機体が横向きの加速度を受けると、チューブのなかの球体は液体のなかに浮かんでいるので機体とは独立に運動していることになり、加速度を受ける前の状態を保とうとしてチューブの中央からずれた位置に移動する。航空機が機首を右か左に曲げて旋回するときに、乗っている人は遠心力と重力を合計した力を受けているが、正しく操縦していれば旋回のさい機体全体が傾斜するので、乗っている人はあたかもそれが自分の足元に向かう自然な重力だと感じる。チューブの内部の球体も同じことなので、正しく操縦している限り、球体は中央に留まるのである（図4-5）。もし機体が右か左に加速度を受けたとするとボールが反対向きに移動するので、操縦が良くないということがわかる。つまり、球の位置は操縦の質を表現しているのだ。

さて本題に戻ると、傾斜計のボールはあまり敏感に動けるようにすると他のいろいろな振動を拾ってしまうので読みづらくなる。液体の粘性を低くすると球体が動きやすいことはわかるだろう。逆に、粘性を高くして塑性が強い状態にすると球体が動きづらくなる。そのような状態では急に機体が旋回したときにボールの動きが追従してくれないので役に立たない。

そこで、液体の粘性をある程度コントロールし、球体の動きを抑える必要がある。傾斜計の目的にとって本質的でない揺籃は除去し、左右方向の加速度だけを検出しようというのがポイントである。液体として透明な有機溶剤から粘性の異なる2種類を使用し、それを混合することにより中間的な粘性を得て傾斜計に適用したという特許が出願された【アークほか 1962】。

このように傾斜計の課題は、球体の振動を抑制することにあった。液体の粘性を適度にコントロールすると、球体の動きが敏感すぎず、かつ遅すぎずというちょうどよい塩梅が得られて課題が解決したのである。この考え方には、先に述べた弾性と塑性を併せ持ったゲルブのダンパーを踏襲した部分もある。ばねとダンパーの2つを使ったことで、ばねに弾性を、ダンパーに塑性を担わせたことであった。ゲルブのダンパーは高粘性の液体のなかでできるだけ大きな摩擦を得ればそれでよかった。すなわち塑性の性質がより強く出ているわけだ。傾斜計はそれと比べるとずっとサラサラした粘性の小さい液体を使っている。

ゴム状物質で振動を制御できる

鉄道用衝撃吸収装置はメカなのでその動作原理はわかりやすい。もっと小型で機器の内部に入れて、振動を防止したり、落としたりぶつけたりしたときの衝撃を吸収するにはどうやればよいのだろうか。小さいメカを追求していくのも1つの方法であるが、もともと大きなメカとして設計されたモノを単に小さくするのはそれほど簡単なことではない。1つの技術の思想は、それが求められた背景においてすでに最適化されたものだからである。本質的に小型のモノから出発する代替的手法も検討してみる価値があろう。バネが持つ性質を代替できるもっと簡単で小さくできるものはないか。この課題を前にしたとき、弾性を持つゴムを使用するアイデアは、バネの弾性と似ているから比較的容易に生じたと考えられる。ゴムは古くから知られていた。他のアイデアとつながる関係性の登場を待っていたのである。

ゴムの原産地は中南米で、ヨーロッパ人として初めてアメリカ大陸の存在を発見したコロンブスが、中米の原住民からゴム玉を譲り受けてヨーロッパに持ち帰ったのがヨーロッパ社会がゴムを知った最初だと伝えられる。生ゴムそのままでは、割れやすい物を輸送するときクッションとして使うとか、防水具として長靴とか雨合羽ぐらいにしか使えない。その後1830年に、アメリカ人のチャールズ・グッドイヤーが「加硫」といって、生ゴムの分子を網の目状に架橋させる方法を発見した。第3章でも説明したが、「加硫」とは硫黄を加えるという意味である。硫黄がゴムの高分子同士をつなげる働きをする。ひも状のゴムの高分子の所々で隣合った分子と結合する。この結合点に硫黄がいるわけだ。こうして、適度の硬さと弾力性をもったゴムができ上がる。グッドイヤーはこれを応用したタイヤを作って、馬車や当時開発されたばかりのガソリン自動車の車輪に供給を始めた。もちろん、グッドイヤーはあの世界的なタイヤメーカの創業者である。

最も、「ゴムは高分子である」とか「ゴムの高分子を架橋する」といったことは20世紀に入ってからの人類の知恵であって、19世紀には、非常に分子量の大きい分子（これを「高分子」という）が存在することすら知らなかったし、まして架橋という分子のメカニズムが知られるようになったのはもっと最近のことである。19世紀では、ゴムの性質を実験によって知り得て、その知識を使ってゴムを改良することができ、その改良したゴムをタイヤとして使うことを思いついた段階であって、物理的・化学的説明がきちんとできるようになるのはさらに時間が必要だった。

人類は、この時点で、とりあえず材料そのものの性質を利用する制振材料を手に入れた。バネのような機械的部品でなく、分子の構造そのものに根ざしている。それを利用すれば、原理的に制振・衝撃吸収装置が小型になるはずである。

ゴムの弾性を使えばバネと同じように収縮してくれる。弾性だけしかない場合は反発があるので、ぶつかると大きなエネルギーを受け取り、その結果、壊されてしまう。反発を避けるにはゴムの側に塑性とか内部摩擦とかを持たせてエネルギーを吸収させればよい。

シリコーンゴムの登場

シリコーンオイルという安定・不活性、かつ温度が変わっても性質が変化しない物質は20世紀初めには知られていた。シリコン（珪素）原子を持ったケトンという有機溶剤の仲間である。シリコンとシリコーンは違う。シリコンは元素であるが、シリコーンの名称はシリコケトン（シリコンを付けたケトン）に由来する。本格的に利用方法が研究され出したのは1940年ごろからである。振動吸収体としての効果はそのころには判明し、計器の指針の軸受部に添加することで指針が不必要に振れないよう振動を抑制する働きをさせていた【清水 1958】。

ところがシリコーンオイルは表面張力が小さく油を注しているのと同じことなので、次第に消失してしまう問題があった。消失しないよう改良するには、シリコーンオイルに何かを添加してドロドロの状態にすればよいのかもしれない、と考えるだろう。そこで微粒子のシリカ（二酸化珪素）をシリコーンオイルに混合することを思い付き、先ほどの計器の指針に使うことが始められた。だが、これでもシリコーンオイルの消失は止まらなかった。

シリコーンオイルのままだと、表面張力や粘性を高めても所詮油注しに過ぎない。油注しから脱却するにはどうするか。ここに登場するのが古くからあるゴムに倣ったアイデアである。

すなわち架橋すればゴム化して機械的に固定することができるというもの。ミクロの構造ではシリコーンオイルはシロキサン結合と呼ぶ珪素と酸素が鎖のように繋がった構造（-Si-O-）を持っており、その数が2000以下の小さい高分子では油と同じような振る舞いをする。他方、シロキサン結合の数が5000とか1万とかの大きい高分子で、高粘性、弾性体でありゴムの性質を帯びてくる。1950年代に清水光太郎という人がシリコーンオイルの替わりにシリコーンゴムの表面を加硫して架橋させ、振動吸収材として表面を非流動化できた。これにより一定の形状を維持でき、シリコーンオイルで問題となった消失もほとんどなくなったのである【清水1958】。

高分子間をからませてしなやかな網をつくる

ルーツが同じ発想から生まれた日本人の発明で、本章のテーマであるアルファゲルにつながる流れのなかにあるものを紹介する。

東芝の技術者、厨川守、小沢淳男、小倉東洋、水谷修はゴム状物質として有機珪素を使い、金属粒子を混合することで塑性を与えることに成功した。この発明の詳細は彼らの特許明細書【厨川ほか 1956】で知ることができる。この当時すでに、「高分子」は世の中で知られており、鎖のように長くつながった分子構造も解明されていた。彼らの特許明細書によると、厨川らは次のように考えたようだ。彼らの思考過程をたどるため原文の一部を引用しよう。

「従来の有機性制振材料としては主として繊維素その他の高分子重合体の分子鎖相互間の相互作用による粘性を利用したもの」

高分子の鎖は、「粘性」があるといった表現になっている。ここでいう「粘性」とは弾性と塑性を併せ持った意味と考えればよい。分子の鎖が絡み合って網がほどけなくなったような構造がつくられる。網構造を持つことで、たとえ衝撃によって分子の一部が切れたとしても、他の部分が絡み合っているので、全体としてしなやかな衝撃吸収能力を発現すると理解できよう。分子間の絡みが衝撃を受け止めることができれば次は弾性の性質が回復に向けた動きを示す。分子のどこかが切れるとそこは回復できない塑性を示すことになろう。塑性と弾性がちょうどよい具合に混じっていれば衝撃を吸収し、かつ反発が小さい。

「高分子重合体に塑剤として例えばアルキルフタレートの如きものを加えて分子鎖相互の滑りを良好にしたもの、或いはブチルゴムを配合した材料の如く分子構造上の立体障害を利用したもの」

すなわち、分子鎖間を絡みにくくする方法があるわけだ。うまく制御できれば衝撃吸収でも制振でも自由にその物性を作ることができるかもしれない。「立体障害」という化学用語は分子の立体構造が反応を邪魔することを指す。

続いて、塑性を望みどおりに制御するには、塑剤を混合したり立体障害を使う方法では困難なので別の方法を考えようという部分に移っていく。高分子ではなく、もっと単純な物質はどうだろう。

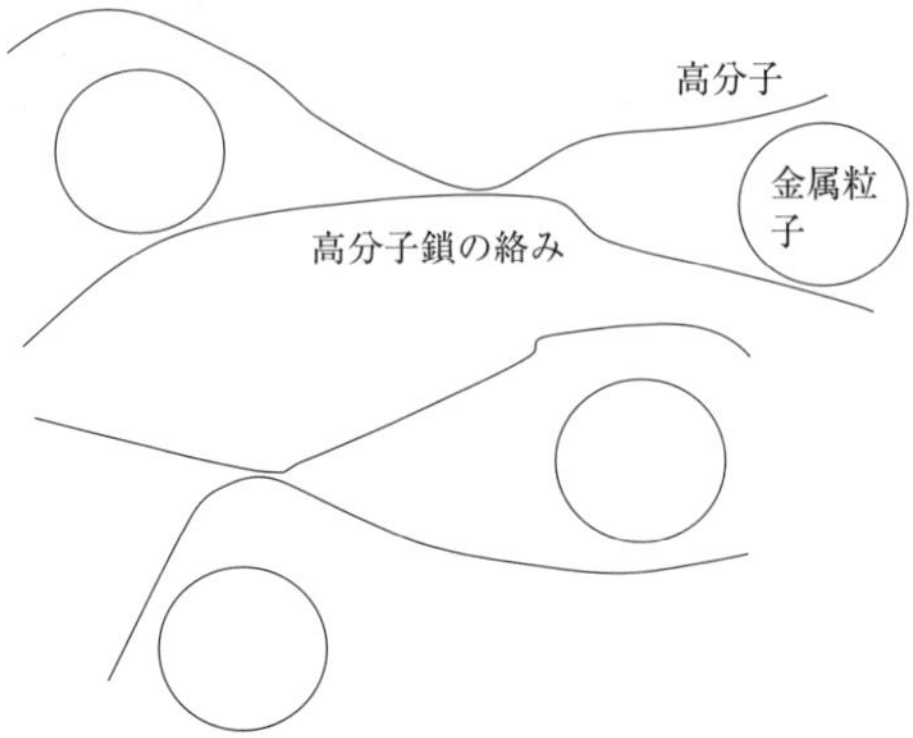

図 4-6　金属粒子を高分子に混入させ高分子同士の絡み合いを抑制する模式図
絡んだ部分は応力を受けてもほどけない。
金属粒子が多いと絡まる部分が少なくなるので滑りが生じ、塑性を帯びる。

「ゴム状物質中に分散充填された金属粒子はゴム状物質とは一般によく接着しないからゴム状物質が変形する場合に金属粒子の表面とそれに接するゴム状物質の壁面とは相対的に移動してそこに摩擦力を生じ…（一部略）金属粒子はゴム状物質とよく接着していないために、その応力にほとんど寄与することができないのでゴム状物質の実効断面積が減少することになり従って弾性率が減少する」

つまり、高分子は金属粒子と摩擦を起こすだろう、そして摩擦力でエネルギーを吸収することができる。また、ゴムと金属粒子は滑っているのでゴムの応力を貯める作用はない。摩擦はするが分子を接着することなく滑るので弾性率が低下すると推測したのである。化学反応ではなく、摩擦という物理的な作用しか起こらない。金属粒子が高分子と化学的相互作用をしないのであれば、添加する量や粒子サイズは自由に選択できる可能性があるだろう。高分子とは独立に金属を添加できるなら、最終的な合成物の物性、すなわち弾性や塑性の割合を自由に制御できるだろう。

厨川らは内部摩擦を大きく、弾性率を小さくすることで塑性を持つ制振材料に狙いを定めた。金属粒子は内部摩擦を増加させるから、なるべくたくさんの金属粒子を混入すればよい。実際の粒子の大きさと量は実験的に決めてやればよい。

厨川らは十分な内部摩擦を得るには容量比で25％以上が必要であること、金属粒子を増やしていくとやがてゴムが機能しなくなり、上限として70％であることを見いだした。次に粒径としては0・1ミクロン以下でゴムが硬くなってしまうのでこれが下限、20ミクロン以上の大きい粒径では内部摩擦がこれ以上増加しないことを確認し、これを上限とした。彼らはこの範囲で特許を出願している。

防振材を理解するには共振現象を理解する必要がある

衝撃吸収の用途とともに重要なのは防振、制振である。少しだけ予備知識に触れておこう。振動現象の視覚的にわかりやすい例として時計の振り子を考えてみる。図4-7に沿って考える。まず、振り子の基本型から見る。（a）は支点を固定された振り子である。よく知られ

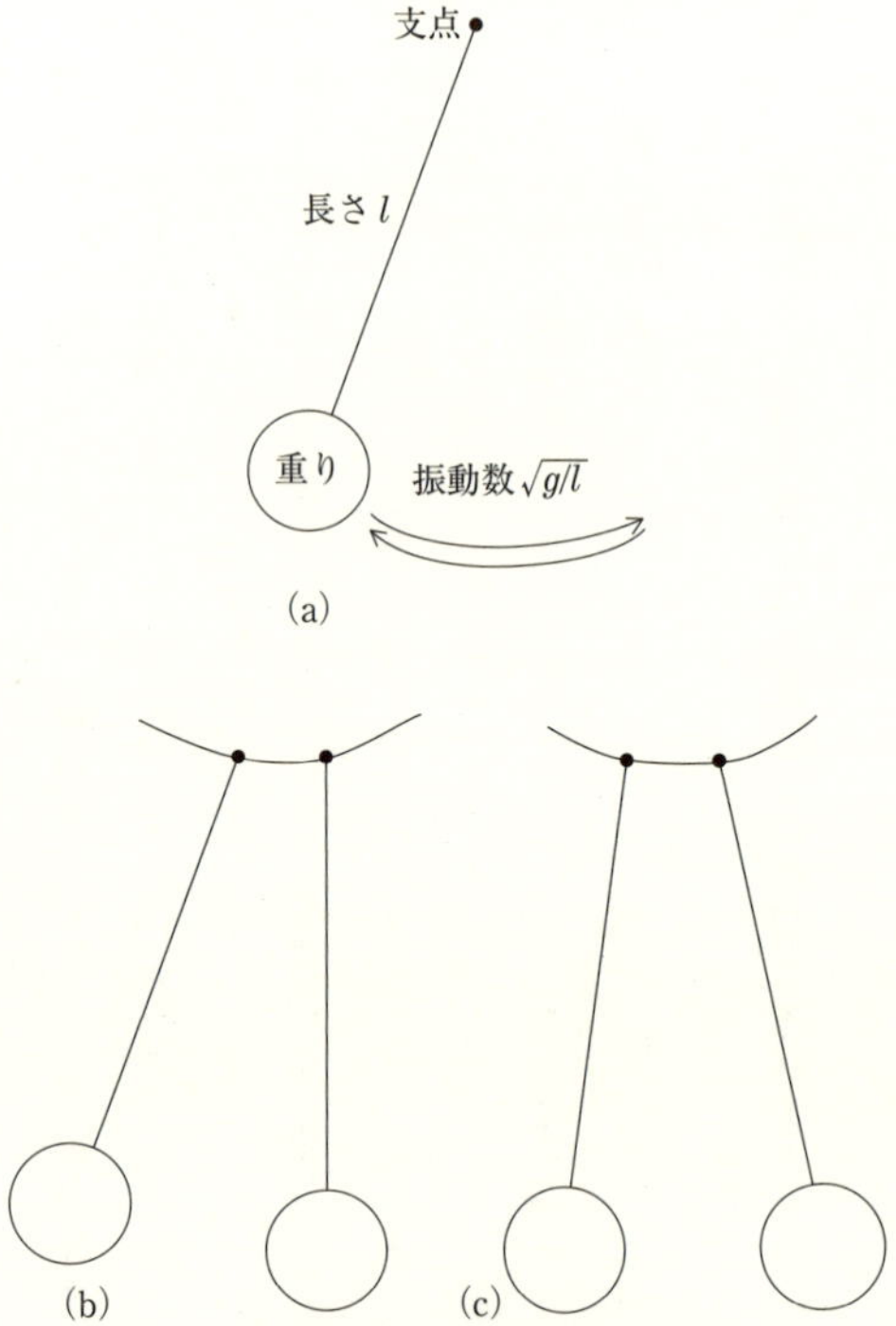

図 4-7　共振現象の説明

(a) は支点が固定された振り子。1 秒間に $\sqrt{g/l}$ 回往復する。これ以外の振動数で振れることはできない。
(b) は 2 つの振り子が支点を振動が伝わる紐でつながれたもの。
(c) は初め停止していた右の振り子が同じ振動数で振れだすさまを示す。

ているように、振り子の振動数は長さ（l）によって自動的に決まり、$\sqrt{g/l}$に等しい。gは重力加速度といって地上同一地点ならいつも決まっているので、振り子の長さが決まると振動数は1つに決まるのである。つまり、これ以外の振動数で振動することはないのである。この振り子が持っている固有の振動数であるという意味で、「固有振動数」という。

次に2つの同じ長さの振り子をゴムひものような、振動を伝達できるものにぶら下げたときを考える。（b）のように、左の振り子に振動を与え、右の振り子は動かさない。すると、やがて（c）のように右の振り子が振動を始めるのだ。しかも振動数はまったく同じなのである。

振動はどうやって伝わるのか。振動している振り子はエネルギーを持っているが、ひもはそこからエネルギーをもらい受ける。さらにひもを通じて隣の振り子にエネルギーが伝わる。振動数が同じなのは不思議なことではない。長さが同じ振り子は絶対に同じ振動数でしか振れないからである。もし、振り子の長さが違っていたとしたら、振り子は振れないで停止したままなのである。固有振動数と異なる振動数では振動が伝わらない。

この部分を理解することは重要である。防振材を設計するには、防がなければならない振動数を知っておかなければならない。逆に言えば防振材には振動を吸収できる振動数と吸収できない振動数があるのである。固有振動数と等しい振動数の振動を受けると防振材自体が振動を始めてしまう。防振材の固有振動数は、抑えるべき振動数とは異なる領域になければならない。防振材を設計することは、振動体の振動数の分布を知り、防振材の固有振動数が振動体の振動数にならないようにすることである。

さらには、同一の振動数だけではない。通常の振動源からは振動数の2倍、3倍など整数倍の振動数が同時に発生しているのが普通である。音が単純なのは倍音が少ない。音色のある音は、さまざまな振動数の音が含まれている。だから特徴的な音として聞こえるのである。バイオリンやピアノの弦の音は基本振動数とその倍音の合成されたものだといわれる。それゆえにバイオリンやピアノの音として聞こえるのである。モータの振動でもその構成部分が固有の振動数を持って振動し、最終的には基本振動数と倍音振動数の合成された振動が発生している。モータに異常があれば、音も変わってくるというのは、納得できよう。

ところで周波数という用語もあるが振動数と同じ意味である。音、光、電波などは周波数という。

かように制振において周波数特性が重要な役割を果たす。

音響機器の制振

音響機器のなかで特に音を発生するスピーカはどのような音が出て欲しいのであろうか。発生する音は実に振動の制御と深い関係にあるのでここに取り上げようと思う。

スピーカから音が発生するのは、マイクロフォンやレコードプレーヤーなどから入力した音声信号が電気信号に変換され、電流に乗ってこのスピーカのボイスコイルという部品を流れる。ボイスコイルの近くには強力な磁石が置かれてあって、ボイスコイルに流れる電流の変動（入力した音声を反映している）に従って振動すると、その振動が振動板に伝わって空気を振動させ音として聞こえる。

振動板からいろいろな周波数の音を出すわけであるが、理想的にはどの周波数でも振動板全体が剛体（変形しない物体）として振動すること、および過渡特性のないことが望ましい。しかし、振動板は決して理想的に振動するわけではない。

もし完全な剛体であれば、コイルの振動（振幅と周波数）がそのまま正しく（つまり、遅れず歪まず）、振動板全体の一様な振動に変わる。実際には完全な剛体は自然界に存在しない理論上の設定に過ぎない。実際は、振動板はコイルに接した部分にまず振動が伝えられるが、そこから離れた端の方に伝わるのにわずかではあるが時間がかかる。すると、振動板としては振動を始めた部分と、始まらない部分があり、歪んでいる状態にあるのだ。庭の小さな池の静かな水面に石を落とした波の現象と似ている。波が伝播《でんぱ》して端までいくのに時間がかかり、やがて端に到達すると反射して水面に反射や干渉の模様をつくる。スピーカの振動板にも同じことが起こっている。伝播による遅延、振動板が入射波、反射波でしなり、両者が干渉し合うことで歪みが生じるのである。結果として周波数ごとに音の大きさは強弱が生じる。これを周波数特性という。理想としては周波数依存性が少ないのが望ましい。

周波数特性は過渡現象の終わった後に一定値となった状態である。過渡現象というのは、スピーカへの入力である電気信号とスピーカからの出力である音声はまったく同じ形というわけにはいかなくて、通常は、マイクロフォンから電気信号が入力されると、出力の音声は一気に予定した出力値には達せず、振動板の形状・材質等に依存して行き過ぎたり戻ったりしながら、徐々に最終的な出力値に近づいていく。これは振動板の固有振動と関係があって、音響特性が悪くなるので、できるだけ速やかに過渡現象を止めないといけない。

このような目的でスピーカの制振を行った発明に【厨川・小沢 1957】がある。有機性ゴムとポリジメチルポリシロキサンを適度に混合したシリコーン系制振材である。この混和物は有機溶剤に溶けるので、スピーカの表面に塗布することにより有機溶剤が蒸発するとスピーカに付着して制振作用を実現することができる。

制振材を塗布するとスピーカの音はどうなるか、【厨川・小沢 1957】が示した特性を図4-8に引用しよう。実線は塗布後、破線は塗布前である。

周波数特性とは周波数ごとの音圧（音の大きさ）である。このデータをとるときには入力の大

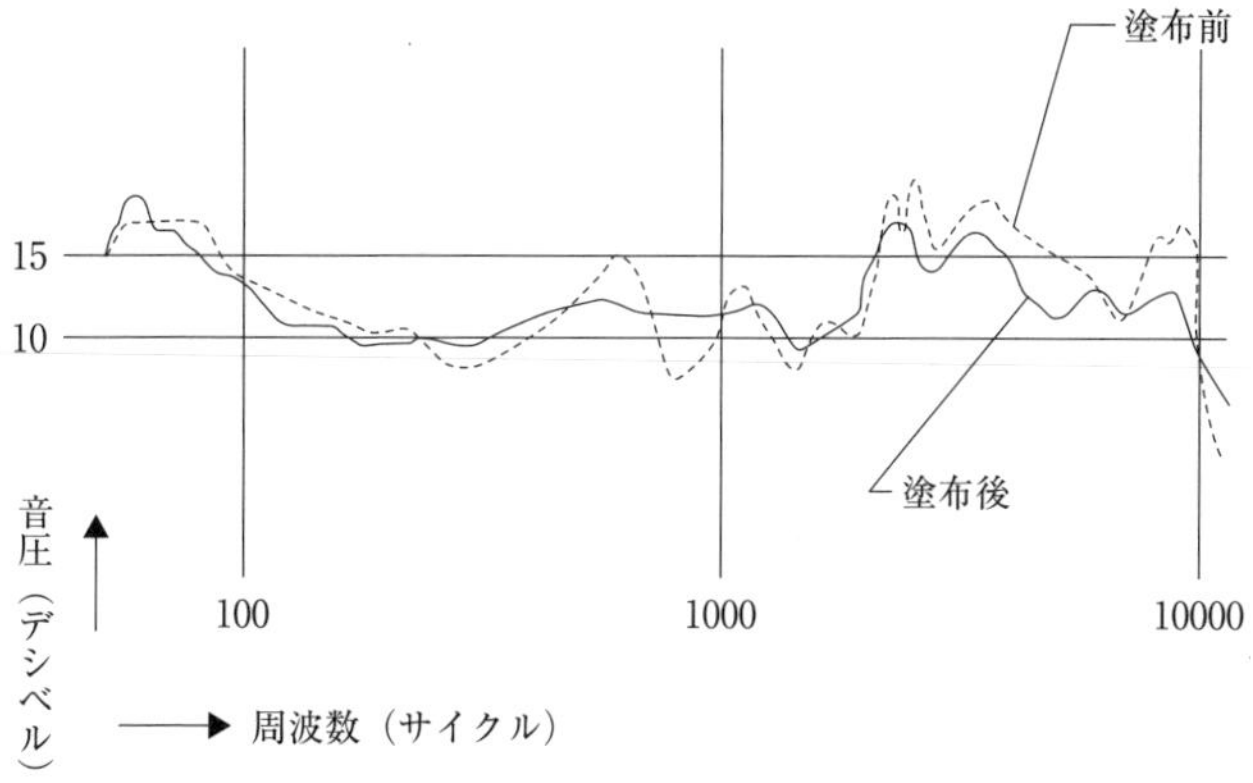

図 4-8　シリコーン制振材を塗布した音響スピーカの周波数特性。実線：制振あり、破線：なし

100Hz 以下の領域では塗布しない方がフラットであるが 100Hz-10000Hz の領域では塗布すると凹凸は小さくなっている。このスピーカに対しては高周波数領域に優れた制振材であるといえる。【厨川・小沢、1957】による。

「塗布前」「塗布後」の表示は筆者が原図に追記した。周波数の単位は最近はヘルツを使うが、原図のままとした。(1 ヘルツ = 1 サイクル)

きさ（マイクロフォンに入れる音）は、特定の波長しか含まないモノトーンであり、かつ入力する音の大きさはすべての周波数で同じにしておく。すなわち、このグラフの出力は入力に対する相対値、あるいは出力の能率とでもいうべきものである。音圧の単位はデシベル（dB）という。繁華街の騒音が80デシベルとか、地下鉄の音が90デシベルとかいうあのデシベルである。

周波数特性はフラットな方がよい。とはいうものの現実には随分でこぼこしていることがわかる。１００ヘルツ（Hz）以下の低周波数領域では制振材を塗布すると音圧は部分的に高くなっており、かえって音が不均一になっているようだ。それに対し、３００〜１０００ヘルツの中周波数領域ではかなりフラット化に成功している。１０００〜１００００ヘルツの高周波数領域は複雑なパターンを示しているが、それでも制振材がかなりの効果があることがわかる。このスピーカに対する制振は中高周波数で有効であるが、低周波数では効果がないといえる。このように制振材とスピーカの組合せにより特定のパターンの周波数特性が生じている。

シリコーン材料からアルファゲルへ

前に述べたように、シリコーン材料は、シロキサン結合（-Si-O-）を有する直鎖状の高分子である。シリコーンオイルという液体の油はシロキサン結合の数が少ないものであったが、シリコーンゴムはシロキサン結合の数が多くゴム状の固体である。分子が短ければシロキサン結合は少なく、分子が長ければ多い。したがって、液体の油は分子が短いが、固体のゴムは分子が長いということになる。このことから、分子の鎖の長さをコントロールすれば、液体からゴム状の固体まで硬度をコントロールすることができるということに想い至る。これはシリコーンが材料として有利な立場にあることを意味するはずである。長い分子はもともと絡みやすい。さらに、架橋というゴム独特の分子の構造を作ることができ、三次元の網目となって、しなやかに衝撃を吸収したり振動を抑えたりできる可能性がある。

本章の冒頭で引用した新聞記事。ゼリー、こんにゃくなど片っ端から卵を落下させる実験を繰り返し、どうにか卵を割らない材料としてゼラチンにたどり着いたときのことである。中西は網目状に組み合わさった構造としてシリコーンに注目した。

「ゼラチンを調べると分子が長く、網目状に組み合わさって衝撃を和らげる。だが、ゼラチンは水を含んでいて、腐ったり乾いたりする。そこで、ゼラチンに似た構造を持つシリコーンに目をつけた。」

【朝日新聞　２００６】

しかし、高分子の架橋は基本的にすべて三次元の網目構造であるから、網目構造というだけでシリコーン材料にたどり着くのは難しそうである。むしろ、長い直鎖の分子という方が着想のヒントとなった可能性がある。シリコーンの要素であるシロキサン構造の数と粘性とが強い相関関係にあることは、当時、当業者一般に知られていたはずである。直鎖であるから、シロキサン構造の数と分子の長さは比例関係にあるだろうということも着想できる。

液体（油）⟷固体

シロキサン結合数少ない⟷多い

分子の長さ　短い⟷長い

分子が絡まない⟷絡みやすい

粘性　小さい⟷大きい

このような一連の相関関係が成り立つのではないか。そうだとしたら、シロキサン構造の数をコントロールすることで制振材や衝撃吸収材として適度な粘性が得られるかもしれない。

中西はシリコーン材料にたどり着いたが、彼の最初の基本的な特許出願は材料については、問わない、何でもよいという特許請求の範囲になっている。何と、ゲル物質の硬さだけで特許を請求しているのである。彼はゲルを使った緩衝部材が世に存在しないことを認識していたから【朝日新聞　2006】、すべてのゲル材について特許を得ることができる立場にあった。特許請求の範囲は次のように書かれる。

「外装体内にゲル物質を充填し、この物質に外部衝撃力が印加されたときゲル物質が変形して緩衝作用をする様にした緩衝部材において、上記ゲル物質として針入度１００～２００のものを選んだことを特徴とする緩衝部材。」【中西　１９８６ａ】

しかし、この最初の出願は特許を付与されていない。

ここで「針入度《しんにゅうど》」という耳慣れない用語が出た。説明のため、数行だけ寄り道をしなければならない。シリコーン材料のような針が刺せる程度の硬さを持つ物質について、硬さを定量的に表す方法がＪＩＳ規格として定められている。「石油アスファルト針入度試験」という。25℃で所定の針に１００ｇ重または50ｇ重（ゲル状物質の場合は50ｇ重を使う）の荷重をかけ５秒間の貫入長さを測定する。10分の１㎜の単位で表す。針入度１００～２００なら10～20㎜貫入したことを示す。

さて、中西は関連する領域で十数件の特許出願を行っているが、最初の特許出願から半年ほど後に第２の基本発明と考えられる特許出願を行っている。「複合型シリコーンゲル材」という名称で、材料はシリコーンゲルに特定されていること、さらには微小中空球体を混入していることを特許請求の範囲としている。８個の特許請求項があるが、このうち第１、第２、第５の請求項は次のように記されている。

「①針入度50～２００のシリコーンゲルを基材としてこれに多数の微小中空球体を混入した事を特徴とした複合型シリコーンゲル材。

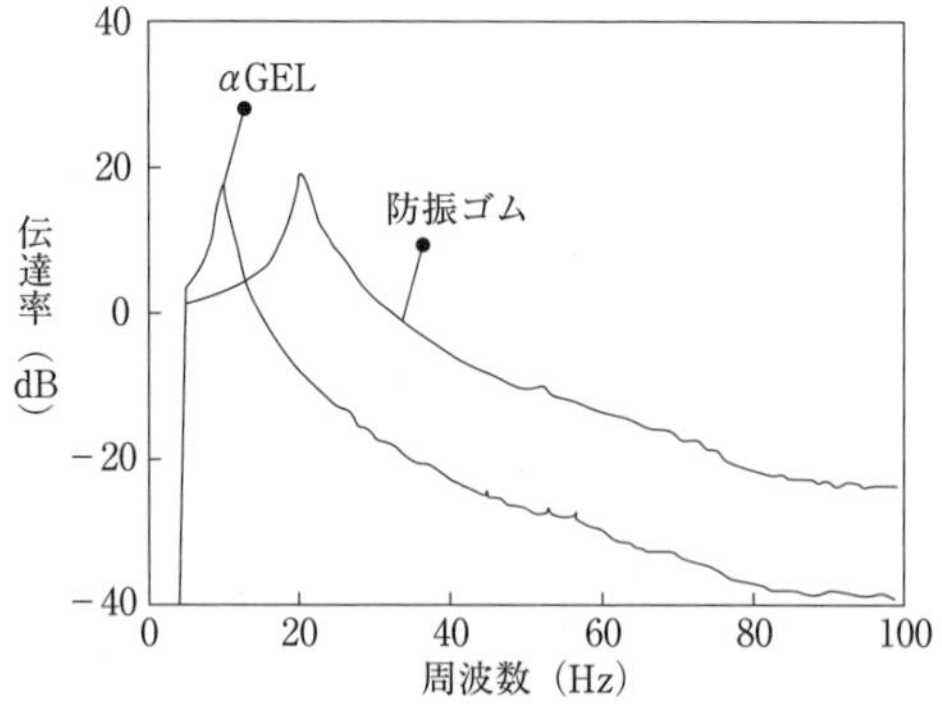

図 4-9　アルファゲルと一般の防振ゴムの周波数特性の比較
（【大場　2005】より引用）
荷重：24kg 重／4 点　加振力：0.2G
共振点：11.0Hz
共振倍率：14.2dB

②上記微小中空球体が有弾性の外郭を有している事を特徴とした特許請求の範囲第1項記載の複合型シリコーンゲル。

⑤上記微小中空球体が無機材料で作られていることを特徴とした特許請求の範囲第1項記載の複合型シリコーンゲル」【中西　1986b】

つまり、①は硬さ、シリコーンゲル、微小中空球体を特徴とする。②と⑤は「特許請求の範囲第1項記載の」とあるから①に従属する細部である。その細部は②が「有弾性の外郭」、すなわちゴム風船のようなもの、⑤は「無機材質」だからこれは膨らまない材質だ。

第2の基本発明は特許が成立している。特許明細書をさらに読んでいくと、衝撃吸収ばかりでなく、制振材にも使うことを想定して記載されている。衝撃吸収も制振もシリコーンの材料そのものの特性であるという。制振については、図4-9にアルファゲルの基本的なゲルの振動特性を示す。共振周波数といって振動が大きく伝わる周波数は11ヘルツであり、一般的な防振ゴムの20ヘルツよりも低い。したがって防振ゴムよりも広い範囲で共振点を避けることができるので、機械の制振設計が楽になる。モータの振動は50〜60ヘルツあたりなので、共振周波数の低いアルファゲルはモータの振動を吸収しやすい【中西 1986b】。

アルファゲルは総称して「アルファゲル」というが、実はいくつかの種類があって、基本となるゲルをαゲル、弾性のある中空球体を混入させたβ（ベータ）ゲルは衝撃吸収に特化したもの、ゲルそのものを改良し大振幅の振動を防ぐθ（シータ）ゲルなどがある【中西 1990】。

第2の基本発明では微小中空球体が必須の構成要素となっている。微小中空球体は、弾性のある球体を選んだり、弾性のない球体を選んだり、混入する数（密度）を選択することによって、基本ゲルの特性を強化する役割を果たしている。

なぜそのように広範に応用できるのだろうか？

微小中空球体はここではどのような役割を担っているのかを考えれば自ずと答えが出てくる。【クノール・ブレムセ 1928】の鉄道用衝撃吸収装置にも同じような中空球体を使っていた。クノール・ブレムセの発明では液体のなかに浮かんだ中空球体は「変形しやすい物体」と規定されており、大きな圧力が掛かると非可逆的に潰れてエネルギーを吸収する、すなわち塑性を示すことであった。使った液体の種類は特に特定はされず、単に衝撃の伝達のために存在したものと考えられる。それは液体一般の持つ性質である。

シリコーン材料は弾性と塑性の性質を併せ持っていることを述べた。そこに充填する中空球体として弾性体を選択する。すると、衝撃で圧縮された中空球体は内部の圧力がかなり高くなっているはずである。だから、圧縮が終わると次には反発に転じるであろう。球体の壁が弾性体なら潰れた形が元に戻っていく。それと同じことがアルファゲルで起こると考えられる。

ところで、充填物が弾性体であれば系全体が弾性の性質（ばね定数という）が強まり、逆に無機材料や中空金属球のように変形しやすい充填物を使うと塑性の性質が強まる【中島・稲垣 1976】。このことは常識的にも理解しやすい。充填物が弾性体であれば圧力を与えたとき充填物が収縮し、収縮につれて反発力を溜め込み圧力が解放されると元に戻ろうとするので、全体が弾性体の性質を帯びる。さらには、このような弾性体を大量に入れると弾性が強く、少量にすれば塑性が強いということも容易に理解できるだろう。混入する微細中空球体の量（密度）でもコントロールできる。

中西の発明では、衝撃吸収用途としては弾性体の微小中空球体を重さで計って1・5〜4%の範囲で入れてやればよいとし、防音や制振には無機材料の微小中空球体を重さで25〜50%入れてやるのがよいと説明している。後者の用途では、多数の気泡、すなわち空気層が防音や制振として使えることは、防音窓として空気層を挟んだ窓が使われていることを考えれば容易に理解できるであろう。弾性を示さない、かつ潰れない微小中空球体は基本的には空気層の働きをすることで制振材料となる。

このような具合で、さまざまに性質を変えられるのがアルファゲルなのである。

幅広いアルファゲルの製品群

さまざまなアルファゲルの仲間から応用製品が生まれる。本章の最後に、中西の発明から応用製品に係わるものをいくつか紹介しよう。図4-10（a）はアルファゲルを外装体11で包んだものの断面を描いた図であって最初の発明の基本型そのままである。スポーツ用の防具や保安具に使う構造である。

同図（b）は衝撃吸収ダンパーである。70で示す衝撃受けヘッドに衝撃が加わると、外装体60のなかに封入されたアルファゲルが衝撃を吸収し、次に、ばね72によって衝撃受けヘッドを元の位置に復帰させる。

同図（c）は防音パネルである。アルファゲルと空気室4とをパネル1,2で挟んだもので全部をアルファゲルにすると重くなるので空気室も併用している。

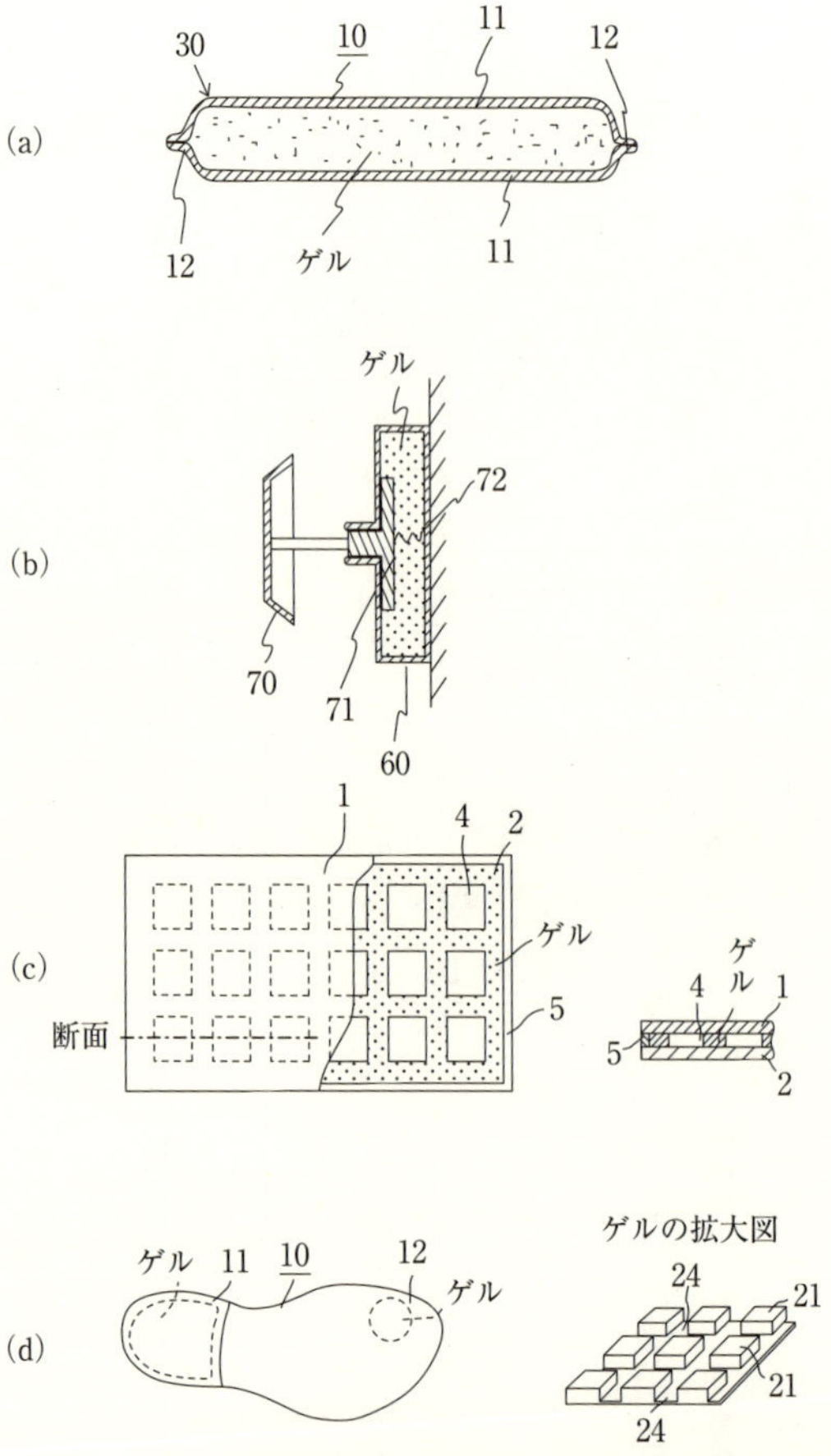

図 4-10　応用例（「ゲル」は筆者が書き加えたもの）

(a) スポーツ用防具　11：外装体　【中西 1986a】

(b) ダンパー　60：外装体、70：衝撃受け、72：ばね　【中西 1986a】

(c) 防音パネル　1,2：パネル板、4：空気室　【中西 1986c】

(d) スポーツシューズ（ゲルは靴底からは見えないので点線で示した）
10：靴底、11：踵、12：爪先　【中西 1987】

同図（d）はスポーツシューズである。足のうち爪先と踵にあたる部分にアルファゲルを使用すると飛んだり跳ねたりしても足への衝撃を緩和できる。これもすべてをアルファゲルにすると重くて運動しにくいから、このように爪先と踵のみにあて、かつブロック状に区切って軽くしているのである。

このほかさまざまなところに想像を超える手法で使われるようになった。

携帯端末は落下させると衝撃に弱いハードディスクが損傷する可能性がある。ここにもゲルの衝撃吸収材が活躍している。東芝は何とハードディスクドライブ全体を衝撃吸収ゲルで包んでしまった。このうえにさらに電磁シールドのためアルミ合金製板金を包み込んだ。こうすることで、製品は落下に対して優れた衝撃耐性を発揮する。おまけ的に、製造途中のハンドリングも非常にやりやすくなったという【中村　2006】。

わが国の国家基幹技術の1つとして兵庫県に設置されているX線自由電子レーザ施設は2011年にX線の波長1・2オングストローム（長さの単位で百億分の1メートル。だいたい原子の大きさぐらい）のレーザ（波長のそろった光）の発振に成功している。X線レーザは製薬分野で期待が大きく、現在、理化学研究所と財団法人高輝度光科学研究センターが研究を進めているところである。ここでもゲルが振動吸収に使われている。X線レーザは真空中を走る電子を磁石でわずかに上下に振ることで発振させる。電子を加速するための空胴に大電力高周波増幅器から電力を供給するが、この電源部にはファンによる空冷システムが付けられている。ファンの振動は完全に吸収しなければならないので、ファンの取り付け部にゲルブッシュを挟んで振動を吸収している【Asaka 2009】。

このように応用範囲の広いゲルである。今後も、縁の下の見えないところであっと驚くような使われ方が開発されそうな発明である。

終　章　知識の新しい結合が着想を生む

経済学者のヨゼフ・A・シュンペータは、経済の長期的発展のためには新しい産業を適時に生み出していくことが必須であるが、この新しい産業は蓄積されてきた技術の「新結合」が大きな役割を果たすと考えた。

シュンペータは発明論そのものには踏み込んでいないが、新結合を新発明に、蓄積された技術を既存知識に、のように読み替えて新結合の考え方を広義に解釈すると、発明とは、新知識を加えることはもとより、すでに知っている知識であっても新しい視点で結びつけたりあるいは再評価したものということができよう【アーサー　2007】。これを模式的に表現すると図終－1のようになる。

この見方は単純であるだけに、発明という複雑なプロセスをシンプルに理解する手掛かりとなる。各章のポイントを「新結合」の思想を使って再訪しよう。既存の知識を新たな視点で結

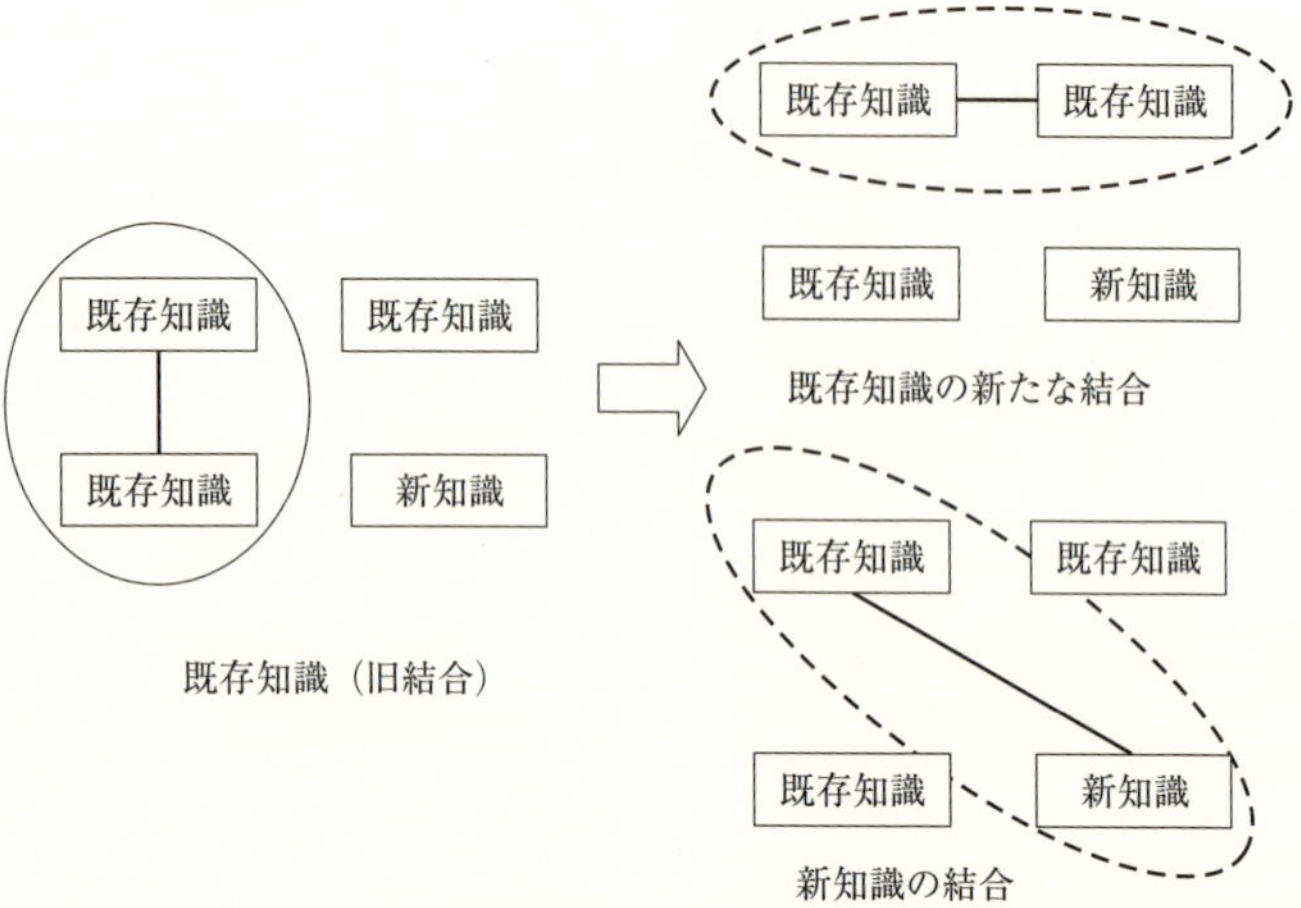

図終-1　発明をシュンペータ的にみる

合したり、既存の知識に新しい知識（たとえば実験結果）を結合させた思想の誕生である。

雪見だいふくのケース（図終-2参照）

でん粉に2種類あるという事実は、1950年には発見者のショッホに特許が与えられているから、特許明細書が発行され一般の知るところとなっていた。それ以降、でん粉の知識は経験による暗黙知から科学による解明へと急速に進むことになった。後に「雪見だいふく」を誕生させたコンセプトの実現のために必要な知見は、ほぼ「雪見だいふく」の開発と同時代に発見がなされている。それらは、

・でん粉の内部で水と糖が動く
・でん粉には2種類ある。そのうちアミロペクチンは水分を吸収しにくい

・アミロペクチンに明確なゲル化点（溶液が固体に変わる温度）が存在しない

ここから水の移動の難易とでん粉の種類がつながったり、ゲル化点と固体の関係が結びつく。

・水分を吸収しにくいでん粉（アミロペクチン）であれば、内部で水が動きにくいかもしれない。そうであればアイスクリームをアミロペクチンで包めば良い。

・ゲル化点が存在せず固体にならないなら、冷凍下でも軟らかいのではないか

このように知見が統合され、新たな知見を生み出したときシュンペータのいう「新結合」であるといってよいのだろう。雪見だいふくにつながったと思われる思考の流れを図終－2に図示した。

そうはいうものの、現実にはかような思考をたどるだけでは発明に到達しなかったのではないか。かような思考は最初の着想にすぎず、試行錯誤と膨大な実験をして初めて完成したことは間違いない。

発明への欲求・ニーズの決定については経営サイドのリーダシップが引っ張った。発明のコンセプト「冬季にもっとアイスクリームを」、そのための具体的な指標である「日本的なものを開発しよう」「まるごと食べられるようなアイスクリーム」である。わが国の古くからの菓子「大福」をヒントに新規な菓子のコンセプトが誕生した。経営が主導し、技術はコンセプト

を実現するという形でそれに応えたという発明のプロセスを見ることができる。

ドッチファイル（図終－3参照）

ドッチファイルを誕生させたキングジムの企業文化は「まねをしない」「どこにもない発明をする」である。創業者の発明者魂はいまに受け継がれている。

企業や官庁で大量の文書が保管される。保管された文書から必要な書類だけ取り出し、終わったら元に戻す。このような用途に適した文書ファイルがあったら便利である。そのようなファイルはその当時どこにもなかったのである。

ドッチファイルの原型は、同じキングジムで作られていたパイプ式ファイルである。パイプ式ファイルは綴じ管とパイプのはめ合わせによって書類を綴じる（上段図）。パイプを表紙に固定するためパイプは右側板と一体であり、ちょうつがいで回転自在にしてあるが、綴じ管は嵌め込みで押えてあるだけなので、綴じ管を持ち上げてパイプから外すことができる。パイプ式ファイルの押えメカニズムは、綴じ管の突出部が左側板の凹みに嵌ることで綴じ管を固定する。

次の段階に進化すると、左側板のさらに左側に、係合板という板を追加している。ここには綴じ管をしっかり押えるためのつめが付いている。しかも、ばねで右に倒れるよう力が働いて

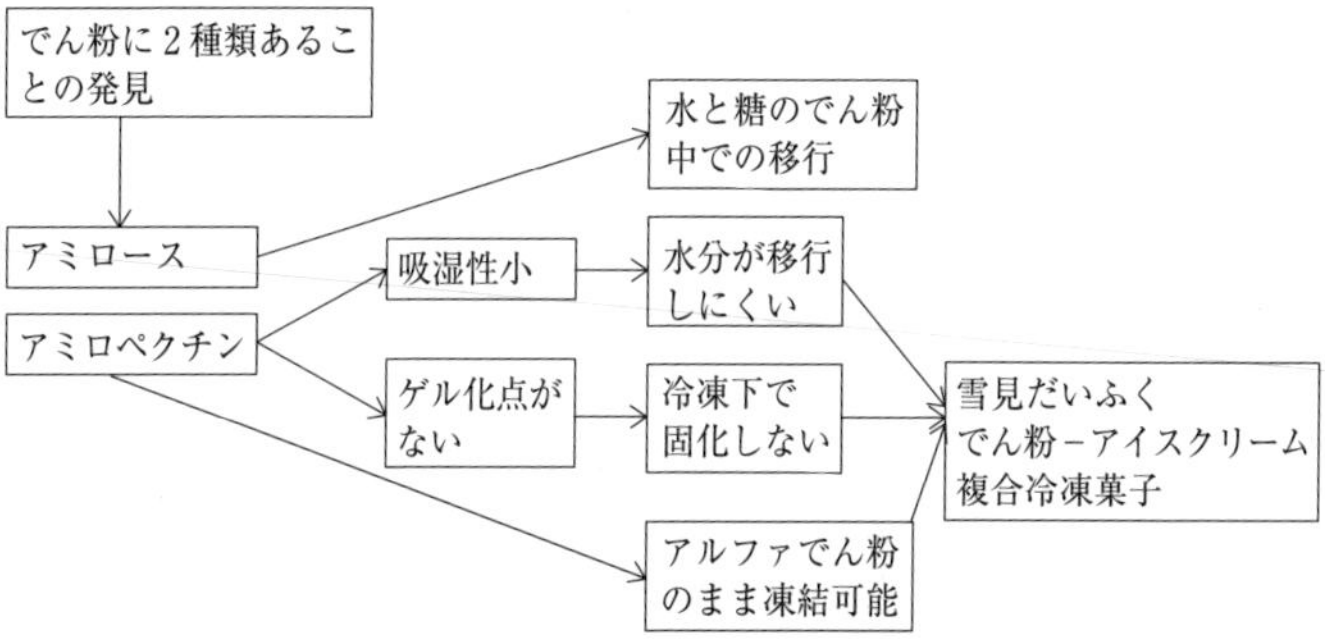

図終-2　雪見だいふくの発明プロセス

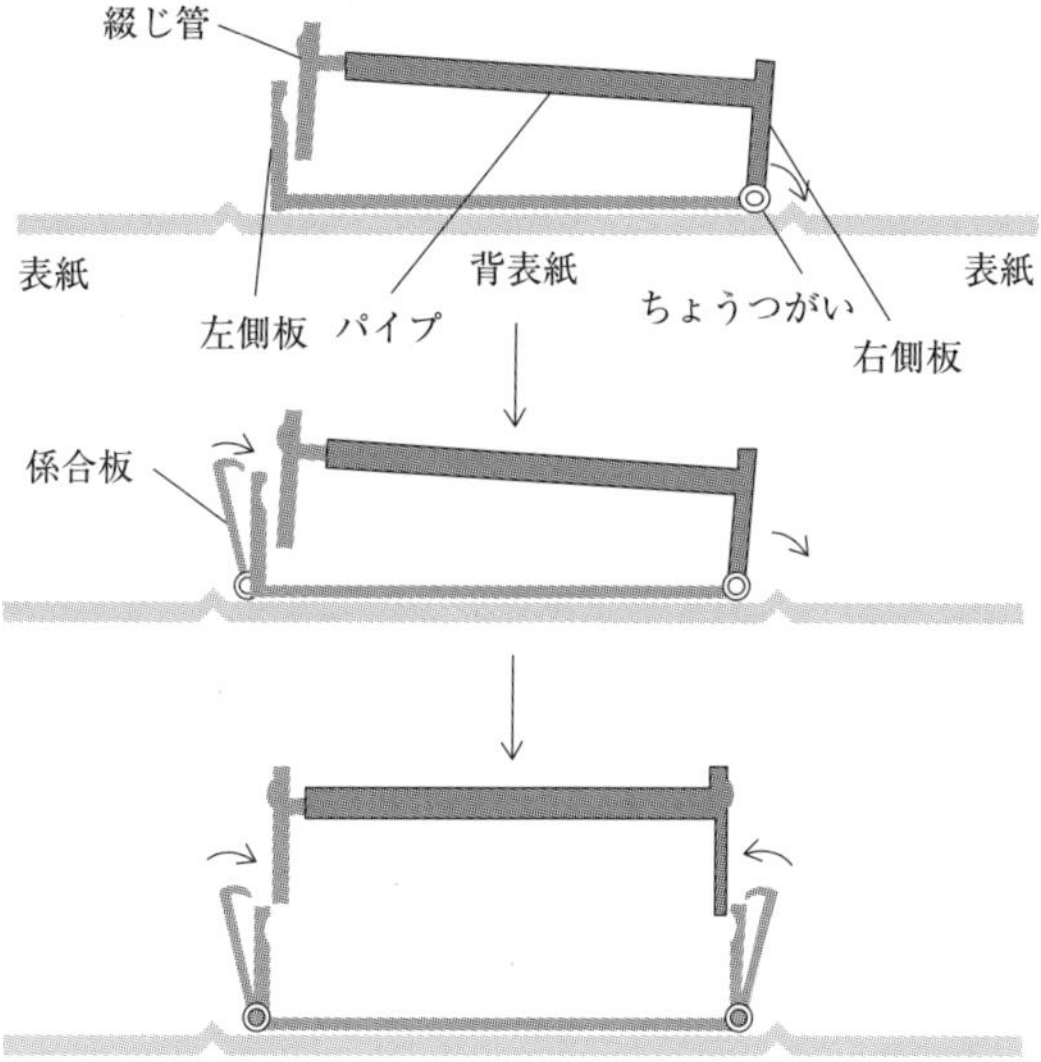

図終-3　ドッチファイルの発明プロセス

いるので綴じ管が外れにくい（中段図）。ここまでのモデルはドッチファイル前史であり、左側だけを外すことができる。なぜなら、右側板はちょうつがいで背表紙に固着されているから外れるわけがない。

ドッチファイルの着想は右側板も左側板と同じにすればよいということに気付くことで到達する（下段図）。自社の過去の発明をヒントに思い付いたのであろう。左右対称にすれば、左が外れるのだから右も外れるはずである。このようにすると、綴じ管とパイプが互いにはめ合ったまま側板に嵌り、かつ抜けることに他ならない。係合板によって綴じ管とパイプをしっかり保持できるようにならないと、実現できなかったことであろう。ここで左右のちょうつがいは係合板が側板に対して回るようにする。オリジナルのパイプ式ファイルが左側板を開け閉めするという構成をとっており、このアイデアが右側板に結合したとき、次の発明、ドッチファイルの誕生となったのである。

まとめると、ドッチファイル誕生のきっかけは、

・はめ合わせ金具（綴じ管とパイプ、綴じ管と側板）で脱着自在に構成できるという前提
・どちらの側にも開くことができるためには、左側の金具構造を右側にも適用して対称にすればよい
・外れにくいようにさらに外側に1枚の板を用意して、凸部と凹部のはめ合わせおよびば

ねによって保持する（係合板）
ということの結合にあった。

水性高分子イソシアネート系接着剤による集成材（図終－4参照）

木材を接着・集成できる強力な接着剤レゾルシノールはすでに世に提供されていた。それはホルムアルデヒドが水酸基と反応するプロセスを使ったものであった。その反応は図の上段に示すものである。ここではホルムアルデヒドが少量だが樹脂内に残留し、長期的にホルムアルデヒドが放出され問題となっていた。

この改善のヒントは別の知識領域に存在していた。加硫という、硫黄をゴムに反応させて自動車のタイヤのように硬いゴムを製造する方法である。その後、硫黄の替わりにイソシアネートを使う加硫の代替法が開発された（これは後にポリウレタンの製造法として知られるようになる）。これは、イソシアネート基が水酸基と強く反応することを利用する方法である。イソシアネートを使う反応にはホルムアルデヒドが不要なので、接着剤からホルムアルデヒドが放散されることはない。かくして、ポリビニルアルコールなど水酸基を有する水溶性物質を反応の相手に使うことで新しい接着剤に到達した。しかも、木材は水分を含むので木材の接着にはうってつけなのである。水性高分子イソシアネート系接着剤への着想のプロセスは、

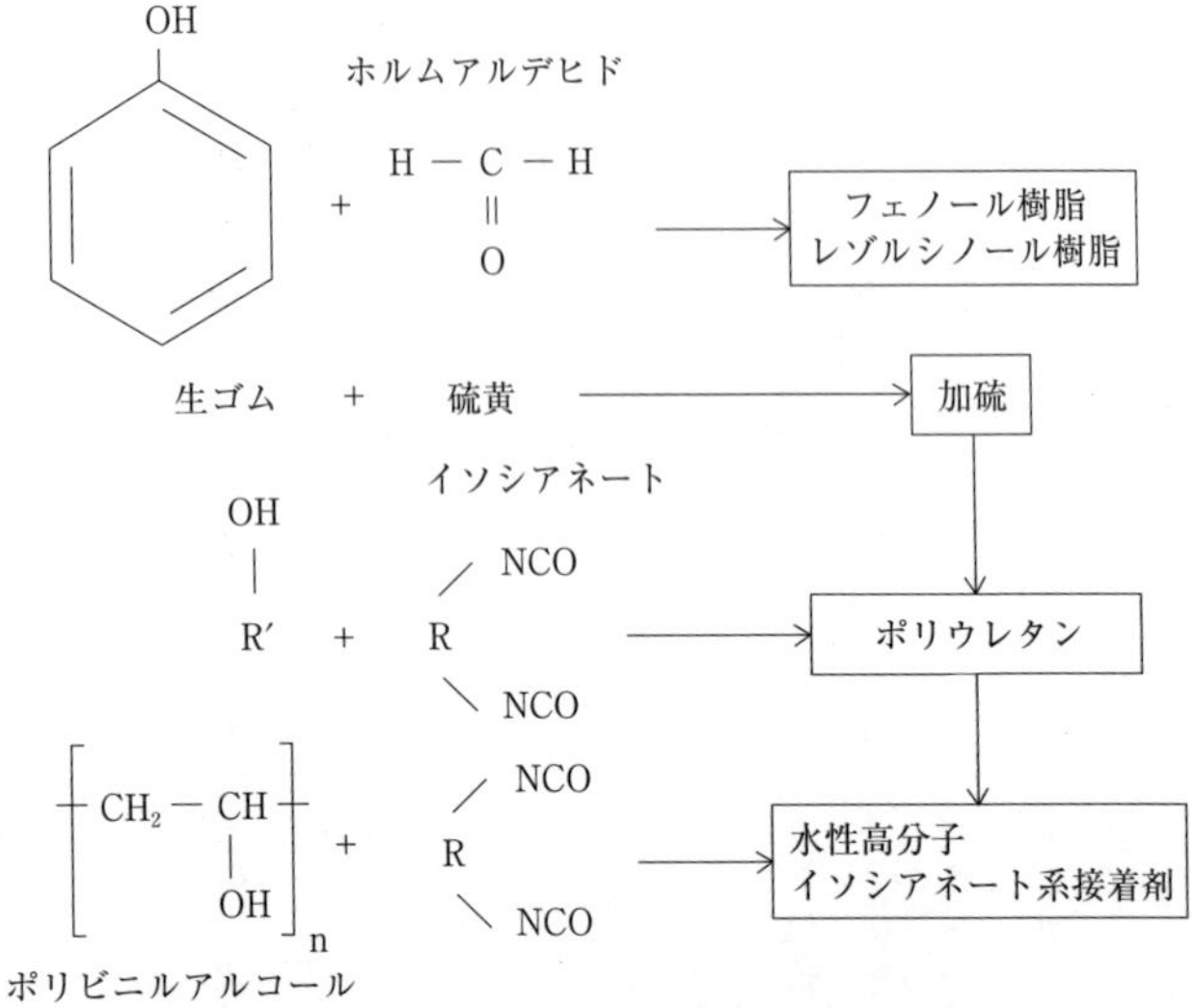

図終-4　水性高分子イソシアネート系接着剤の発明プロセス

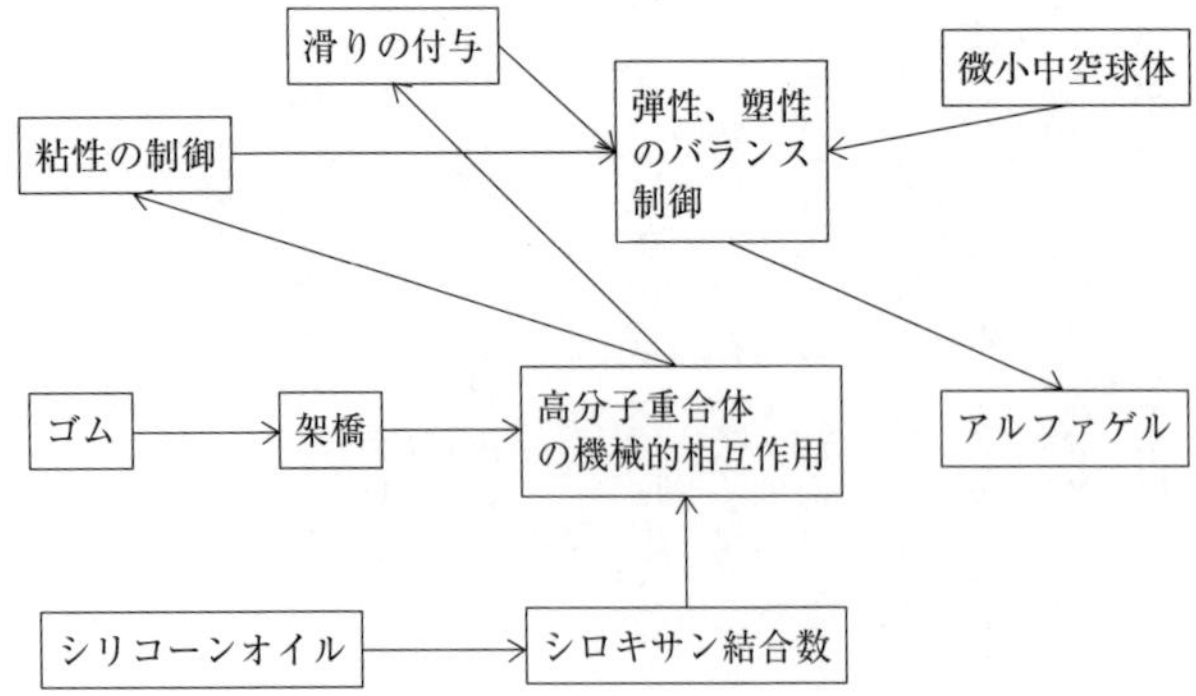

図終-5　アルファゲルの発明プロセス

・ゴムの加硫（硬化）の方法として、イソシアネートを使った代替法（類似の効果をもたらす方法）が発明された　↓　イソシアネートの強い反応を使う
・イソシアネートは水酸基と強く反応して硬い化合物をつくる　↓そうであれば、接着剤になるのではないか
・ポリビニルアルコールなど水溶性高分子材料は水酸基を含む　↓イソシアネートとポリビニルアルコールを組み合わせてみよう
・木材がふつうに含有する水分を反応に寄与させる　↓木材に最適の接着剤ができるのではないか

このようなイソシアネートと水酸基の性質と、木材は水を含有するものだという知見の新結合が新しい接着剤を誕生させたといえよう。

アルファゲル（図終－5参照）

昔から鉄道線路の終点に見られる衝撃吸収装置やモータと床の間に敷いた防振装置は、ばねによる振動吸収と反発を抑えるためのダンパーを組み合わせて構成して来た。弾性だけでは反発が大きいので乗っている人や物に衝撃がかかるであろう。であるなら、塑性の要素を組み合

わせることで反発が少なくなるはずである。

精密な電子機器の振動や衝撃を抑えるにはもっと小型化できる振動・衝撃吸収材料が必要である。液体のシリコーンオイルは、昔から計器の針の軸受部分に使われ、針の振動を押える機能が知られていた。その後、シリコーンオイルの分子構造が知られるようになり、シロキサン結合とよぶシリコンと酸素の結合が主成分であることや、シロキサンを単位とする長い鎖で出来上がっていることがわかって来た。

鎖が機械的に絡み合うことにより粘性が発生することは知られている。シロキサン結合の数の多さ、それは鎖の長さが長いことを意味するが、シロキサン結合の数が多いと粘性も高くなり、ある程度を超えるとゲル化して液体と固体の中間の性質を示すようになる。シリコーンゲルの誕生である。このようにゲル化したものを弾性と塑性を併せ持った材料として使う。

さらに、微小中空球体を混入する。微小中空球体は弾性体だったり非弾性体だったりする。種類と混入密度を変えてやればさまざまな種類の制振材、衝撃吸収材をつくることができる。アルファゲルは弾性と塑性をうまく制御することで多様な製品を生み出すことができた。

着想のポイントをまとめると、アルファゲルとは次の知見の結合したところで創造されたものといえる。

・昔から知られる計器類の指針の振動を押えるシリコーンオイル
・高分子を架橋させると分子が絡みやすくなる　↓弾性と塑性を併せ持つ
・微小中空球体↓圧縮の余地をつくる

本書は、わが国の4つのイノベーション事例について、その中核となる発明に焦点をあて、発明の成立にいたる技術の足跡をたどったものである。発明の成立に特化した技術の歴史だと言ってもよい。発明全般に共通する考え方として使ったのは、シュンペータが新規産業を説明するのに使った「新結合」である。本来、経済学の概念なので、発明論に拡張することはシュンペータの意図したことではないとの批判もあると思われるが、発明と過去の知識のつながりをわかりやすく説明することができる概念である。それだけ経済における新規産業と技術における発明は似ているということなのだろう。

発明論においては着想を説明する他の方法やプロセスも提案されているが、「新結合」の考え方は着想のプロセスに限れば最もわかりやすいと思うのでこれで説明した。したがってもっと複雑な発明のプロセス、たとえば1つの発明が要素技術となって他の発明を誕生させたり、経済システムを考慮して選択したりといった側面や心理的なプロセスなどには一切ふれていない。

本書で取り上げた事例のなかでも経営サイドの働きかけが重要な役割を果たしたと認められるものについては、経営的側面にも言及した。

本書は技術説明を中心に展開する書である。技術といっても想定する読者は高校生以上の文系・理系を問わない一般読者である。技術の説明は平易であることを心がけ、本書を理解するには一切の予備知識は不要というつもりで執筆した。

本書を、将来の発明を担うであろう若い読者の方々に読んでいただくことを切に願うところである。社会を変えるような発明でも決して天才の独り舞台ではないことを知っていただき、多くの読者の皆様が発明に関心を持ち、この道に進んでいただくことを希望するのである。

引用文献一覧（出版・公開年順に配列）

特許明細書については、工業所有権情報・研修館ホームページ「特許電子図書館（http://www.ipdl.inpit.go.jp/）、欧州特許庁「Espacenet」（http://worldwide.espacenet.com/）、米国特許庁「Patent Full-Text Databases」（http://patft.uspto.gov/）の無料データベースから取得した。

◆はじめに

【ジュークスほか 1975】J・ジュークス、D・サワーズ、R・スティラーマン『発明の源泉　第2版』、岩波書店、1975年
【樋口 1986】樋口芳朗『実証　発明学』、東京理科大学出版会、1986年
【ウィーナー 1994】ノーバート・ウィーナー『発明―アイデアをいかに育てるか』、みすず書房、1994年
【リプチンスキ 2003】【リプチンスキ 2003】ヴィトルト・リプチンスキ『ねじとねじ回し―この千年で最高の発明をめぐる物語』、早川書房、2003年
【ベアード 2005】デービス・ベアード『物のかたちをした知識―実験機器の哲学』、青土社、2005年
【朝日新聞 2006】「工の国　ものづくり静岡　地道な調査、ひらめきを呼ぶ」、朝日新聞、2006年1月4日
【重田 2008】重田暁彦『「雪見だいふく」はなぜ大ヒットしたのか』、講談社+α文庫、2008年
【グレイン調査団 2010】グレイン調査団編『ニッポンの大発明』、辰巳出版、2010年
【ペトロスキー 2010a】ヘンリー・ペトロスキー『ゼムクリップから技術の世界が見える』、平凡社ライブラリ、2010年
【ペトロスキー 2010b】ヘンリー・ペトロスキー『フォークの歯はなぜ四本になったか』、平凡社ライブラリ、2010年

◆第1章

【ショッホ 1950】米国特許第2515095号「でん粉成分の単離方法」、特許権者 コーン・プロダクツ・リファイニング社、発明者 トーマス・ジョン・ショッホ、1947年5月15日出願、1950年7月11日登録

【高山 1958】実用新案公報昭33-19870「冷凍菓」、権利者・考案者 高山敏雄、1957年5月1日出願、1958年12月5日公告

【日経ビジネス 1973】日経ビジネス・ケーススタディ「ロッテ」、日経ビジネス1973年11月12日、58-62頁

【甘利・中村 1976】甘利武司、中村亦夫「アミロース―アミロペクチンの動的粘弾性」、日本化学会誌、1976年、8号、1277-1284頁

【二國 1977】二國二郎監修『澱粉科学ハンドブック』、朝倉書店、1977年、6頁、9頁、12頁

【谷地田ほか 1977】谷地田武雄、中村幸一、中村厚子「菓子類の安定性に関する研究（第3報）団子の冷凍、解凍時における成分移行とその防止について」、新潟県食品研究所報告、1977年3月、23-28頁

【有馬ほか 1980】公開特許公報昭55-36「吸湿性の低い安定な粉末果汁およびその製造方法」、特許権者 ゼネラル・フーズ社、発明者 有馬哲生、川本明夫、大沢ヒデ、1978年6月7日出願、1980年1月5日公開

【竹森ほか 1982】特許第1507245号「マシマロ冷菓」、特許権者 株式会社ロッテ、発明者 竹森俊雄、加藤征輝、増田文男、1980年11月29日出願

【加藤・渡辺 1982】特許第1537351号「被覆冷菓およびその製造方法」、特許権者 株式会社ロッテ、発明者 加藤征輝、渡辺和寛（「雪見だいふく」の特許）、1981年5月29日出願、1982年6月7日公開

【糀 1983】糀正勝「〝雪見だいふく〟の開発戦略」、標準化と品質管理、36巻、1983年9月、41-47頁

◆第2章

【タウンドロー 1860】米国特許第28521号「帳簿綴（bookbinding）」、権利者・発明者 トーマス・タウンドロー、

レターパテント1860年5月29日
【ヒギンズ 1891】米国特許第458394号「メモ帳」、権利者・発明者 サミュエル・G・ヒギンズ、1891年3月28日出願
【片山 1898】特許第3171号「綴込具」、権利者・発明者 片山 邁、1897年10月4日出願、1898年7月29日登録
【ホイットロック 1902】米国特許第700867号「取り外し可能な書類を保持する器具」、権利者・発明者 ラルフ・G・ホイットロック、1902年1月24日出願、レターパテント1902年5月27日登録
【カメロン 1906】特許第9927号「軽便書類綴」、権利者・発明者 アレキサンダー・カメロン、1905年12月28日出願、1906年1月15日登録
【大林帳簿製造所 1907】実用新案第6720号「「ルーズ、リーフ」式手帳」、権利者 合資会社大林帳簿製造所、1907年9月10日出願、1907年10月7日登録
【フィリップス 1931】米国特許第1817930号「文書ファイリング器具」、権利者・発明者 ジョージ・A・フィリップス、1929年10月2日出願、1931年8月11日登録
【宮本 1955】実用新案公告昭30-1816「綴込帳簿用金具」、権利者・考案者 宮本英太郎、1954年2月9日出願、1955年2月12日登録
【宮本 1960】特許出願公告昭35-17623「紙綴具」、特許権者・考案者 宮本英太郎、1957年2月21日出願、1960年12月1日公告
【宮本 1962】実用新案出願公告昭37-26415「紙綴具」、権利者・考案者 宮本英太郎、1961年6月2日出願、1962年10月1日公告
【大湊 1976】実用新案登録第1247414号「綴込具」、権利者 株式会社キングジム、考案者 大湊清、1974

年10月5日出願、1976年4月8日公開
【キングジム 2006】キングジムCSR報告書2006、9頁
【東 2010】東伸一「異質需要とマーケティング構想力―キングジム社の創発事例を中心に―」青山経営論集、第44巻第4号、2010年3月、94-109頁
【日経トップリーダー 2011】「経営の系譜　キングジム　宮本彰社長」、日経トップリーダー、2011年1月、92-97頁

◆第3章
【メイヨウ 1865】米国特許第51735号、「屋根、チューブ、容器、羽目板、船舶等構造物用の試験的材料」、特許権者・発明者　ジョン・K・メイヨウ、レターパテント、1865年12月26日登録
【フェン 1875】米国特許第162046号、「装飾木材床の改良」、特許権者・発明者　ロバート・フェン、レターパテント、1875年8月13日登録
【ヘッツァー 1906a】スイス特許第33871号、「木材」、特許権者・発明者　オットー・ヘッツァー。ドイツ特許第163144号、オーストリア特許第23744号は概ね同一内容である。いずれも1905年出願、1906年登録
【ヘッツァー 1906b】英国特許1906-20684号、「屋根、納屋、はしご、格子、家具等の構造物に用いる集成材の改良」、特許権者・発明者　オットー・ヘッツァー。スイス特許第40409号、ドイツ特許第197773号、オーストリア特許第41522号、フランス特許第370139号も概ね同一内容で、最も早く特許付与されたのはドイツの1906年、最も遅いのはオーストリアの1910年
【農商務省編 1912】農商務省山林局編『木材ノ工藝的利用』、大日本山林会、1912年、628-629頁、および636頁
【ゴールドスミス 1913】英国特許第6363号、「物質の組成の改良とその製造方法」、権利者・発明者　バイロン・ベンジャミン・ゴールドスミス、1912年3月14日出願、1913年3月14日登録

【ノボトニー 1930】米国特許第1767696号、「合成樹脂およびその製造方法」、権利者・発明者 エミール・E・ノボトニー、1926年8月14日出願、1930年7月24日登録
【ノボトニー 1932】米国特許第1849109号、「合成樹脂およびその製造方法」、権利者・発明者 エミール・E・ノボトニー、1926年8月21日出願、1932年3月15日登録
【ドロー 1942】米国特許第2277083号、「化合物」、特許権者 デュポン、発明者 ジョージ・ロレンス・ドロー、1940年6月5日出願、1942年3月24日登録
【クライネルほか 1956】特許出願公告昭31年-2691号、「基体上にゴムを接着加硫する方法」、特許権者 バイエル、発明者ヘルムート・クライネル、オットー・バイエル、ルブレヒト・エッケル、カール・タウベ、1954年11月11日出願、1956年4月11日公告
【松田 1964】松田権六『うるしの話』、岩波新書、1964年、171-172頁
【アントレスほか 1972】公開特許公報昭47年-25228号、「リグノセルロースを含有する材料を製造または改良するための接着または含浸剤」、特許権者 バイエル、発明者 カールハインツ・アントレスほか6名、1972年3月2日出願、1972年10月19日公開
【桜田ほか 1973】公開特許公報昭48年-94739号、「ホルマリンを含まない木材用耐水性接着剤の製法」、特許912417号、特許権者 光洋産業、クラレ、アサヒ、発明者 桜田誠一、宮崎泰顕、近藤正巳、1972年3月21日出願、1973年12月6日公開
【白井 1978】白井昱磨「森の道」、ハンス・ユルゲン・ハンゼン編『西洋木造建築』所収、形象社、1978年、9-10頁
【桜田ほか 1979】桜田誠一、宮崎泰顕、田代恒夫、「水性ビニルウレタン系接着剤による集製材、複合材料の接着」、接着、1979年年6月、244-253頁

【播 1992】播 繁「出雲もくもくドームの建設」、大規模木質構造懇談会、1992年4月28日、札幌市
【特許庁 1985】特許庁編『工業所有権制度百年史（下巻）』、発明協会、1985年、26-27頁
【Irving Skeist 1993】Irving Skeist編、水野浩他訳『接着大百科』、朝倉書店、1993年、96-97頁
【ミュラー 1998】クリスチャン・ミュラー「集成材の発展、特にオットー・ヘッツァーの発明を中心に―土木工学史への貢献」バウハウス大学ワイマール 博士論文、1998年
【大林組 2000】大林組プロジェクトチーム編『古代出雲大社の復元〔増補版〕』1989年初版、2000年増補版、146-152頁、157-159頁、および大社町教育委員会作成「出雲大社境内遺跡の発掘調査 平安時代末期の巨大な本殿跡を発見」2000年、同書の248-253頁所収
【趙 2000】趙海光、難波和彦、和田善幸『デザイニングウッド』、INUX出版、2000年、6-7頁
【板倉 2004】板倉聖宣『アーチの力学』仮説社、2004年、59-68頁
【鈴木 2005】鈴木滋彦「木質材料のこれまでの発展と今後の展開」・木材学会誌、51巻1号、2005年、29-32頁
【天野 2006】天野礼子『「林業再生」最後の挑戦―新生産システムで未来を拓く』、農山漁村文化協会、2006年、32頁
【萩 2009】萩大陸『国産材はなぜ売れなかったのか』、日本林業調査会、2009年、48-51頁、115-116頁、121-122頁
【作野 2010】作野友康、高谷政広、梅村研二、藤井一郎編『木材接着の科学』、海青社、2010年、36頁
【森林白書 2011a】森林・林業白書（平成23年度版）、平成23年4月、林野庁、参考付表49「集成材の生産量及び輸入量」17頁
【森林白書 2011b】同、124頁
【森林白書 2011c】同、122頁

【森林白書 ２０１１d】同、10-12、55頁
【スプリング８ ２０１１】スプリング８大型放射光施設ホームページ、「いまだ謎多き水分子の世界—その意外な構造と運動様態の秘密に迫る—」SPring-8 News、２０１１年
【バイエル社ホームページ】トップページから→歴史→略歴→オットー・バイエルとたどる。ここに公式の略歴が記載されている。http://www.bayer.com/en/Otto-Bayer.aspx（２０１２年６月現在）

◆第４章

【クノール・ブレムセ １９２８】ドイツ特許第４６８２７９号、「圧力又は衝撃を完全または部分的に消滅させる装置」、特許権者 クノール・ブレムセ、１９２８年11月９日登録
【ゲルブ １９３７】英国特許第４７２７１８号、「振動を減衰する改良された方法および装置」、特許権者・発明者 ウィリアム・ゲルブ、１９３６年８月17日出願、１９３７年９月29日登録
【厨川ほか １９５６】特許出願公告昭31年－５８９０号、「制振材料」、特許権者 東京芝浦電気株式会社、発明者 厨川守、小沢淳男、小倉東洋、水谷修、１９５３年５月20日出願、１９５６年７月18日公告
【厨川・小沢 １９５７】特許出願公告昭33年－８０８１号、「制振材混和物」、特許権者 東京芝浦電気株式会社、発明者 厨川守、小沢淳男、１９５５年５月24日出願、１９５７年９月12日公告
【清水 １９５８】特許出願公告昭33年－４７４１号、「振動吸収体の製造法」、特許権者・発明者 清水光太郎、１９５６年５月11日出願、１９５８年６月17日公告
【アークほか １９６２】特許出願公告昭37年－２９６号、「透明制動流体」、特許権者 ペンディクス・コーポレーション、発明者 エドワード・H・アーク、フラビオ・C・ロドリゲス、バール・H・ドーリン、１９５８年１月２日優先権、１９６２年１月25日公告
【中島・稲垣 １９７６】公開特許公報昭51－１５５２号、「衝撃緩衝用弾性体」、特許権者 豊田合成株式会社、発明者 中

島邦彦、稲垣勝彦、１９７４年6月27日出願、１９７６年1月8日公開
【中西 1986a】公開特許公報昭61－２１４３６号、「緩衝部材」、特許権者　株式会社キュービックエンジニアリング、発明者　中西幹育、１９８４年7月6日出願、１９８６年1月30日公開
【中西 1986b】公開特許公報昭61－２６８７５６号（特許１９０４５３６号）、「複合型シリコーンゲル材」、特許権者　株式会社キュービックエンジニアリング、発明者　中西幹育、１９８４年12月28日優先権、１９８６年11月28日公開
【中西 1986c】公開特許公報昭61－１４９６３３号、「振動吸収体」、特許権者　株式会社キュービックエンジニアリング、発明者　中西幹育、１９８４年12月24日出願、１９８６年7月8日公開
【中西 1987】公開特許公報昭62－１５９６０１（特許１８５８４２７号）、特許権者　株式会社キュービックエンジニアリング、発明者　中西幹育、１９８５年12月29日出願、１９８７年7月15日公開
【中西 1990】中西幹育「シリコーンゲル系衝撃吸収材「αゲル」の特性と応用」、合成樹脂、36巻8号、27－32頁
【長松 1995】長松昭男「振動対策技術に関する最近の動向」、工業材料、43巻11号、１９９５年、26－29頁
【大場 2005】大場宏昭「シリコーン材料「アルファゲル」」、コンバーテック、２００５年5月、84－87頁
【朝日新聞 2006】「工の国　ものづくり静岡　地道な調査、ひらめきを呼ぶ」、朝日新聞、２００６年1月4日
【中村 2006】中村勝、結城義徳、小島圭「国内向け CDMA2000 1xEV-DO 方式携帯電話 W41T」、東芝レビュー、第61巻、5号、２００６、49－53頁
【Asaka 2009】Takao Asaka et al., "Development Status of RF System of Injector Section for XFEL/ SPring-8," *Proc. of Particle Accelerator Society Meeting* 2009, pp.906–910.

◆終　章

【アーサー 2007】W. Brian Arthur "The Structure of Invention," *Research Policy*, Vol.36, 2007, pp.274–287.

[索 引]

さ行

た行

な行

は行

ま行

や行

ら行

わ行

■著者紹介
加藤　直規　（かとう　なおき）

知的財産研究家
工学博士、技術経営学修士
1991年　マサチューセッツ工科大学スローン経営大学院・技術経営学プログラム（修士課程）修了。
1976-1993年　電電公社・NTT研究員としてガリウム砒素半導体集積回路を研究。専門は製造プロセス全般。
1994-2005年　知的財産部門に転じ国際業務グループリーダー、子会社の経営企画部門（知的財産、経営管理担当）、ガリウム砒素半導体事業の生産管理部長等を歴任。
2005-2011年　広島市立大学 社会連携センター教授。専門は知的財産論。知的財産管理の実務を担当するとともに、発明論、特許情報論、応用美術の著作権の研究に従事。
2011年-現在　フリーの知的財産研究家として、発明論の研究を継続。

［主な著書］
"GaAs Integrated Circuits"（共著、1988年、Blackwell Scientific Publications）
『ニュース記事に学ぶ知的財産』（単著、2009年、大学教育出版）
『障害者アートを活用した障害者の自立・社会参加に関する研究プロジェクト報告書』（共著、2010年、非売品）。

発明への誘い
―日本のイノベーション事例にみる創造の技法―

2013年9月10日　初版第1刷発行

■著　　者――加藤直規
■発 行 者――佐藤　守
■発 行 所――株式会社 **大学教育出版**
〒700-0953　岡山市南区西市855-4
電話（086）244-1268　FAX（086）246-0294
■印刷製本――サンコー印刷㈱

ISBN978－4－86429－220－7